शिक्षा जो स्वर साध सके

शिक्षा से संबंधित विषयों पर दिए गए व्याख्यानों का संकलन

महात्मा गांधी अंतरराष्ट्रीय हिंदी
विश्वविद्यालय, वर्धा

शिक्षा जो स्वर साध सके

शिक्षा से संबंधित विषयों पर दिए गए व्याख्यानों का संकलन

रजनीश कुमार शुक्ल

संपादक
ऋषभ कुमार मिश्र

वाणी प्रकाशन

वाणी प्रकाशन
4695, 21-ए, दरियागंज, नयी दिल्ली 110 002
फ़ोन : +91 11 23273167 फ़ैक्स : +91 11 23275710

शाखाएँ
अशोक राजपथ, पटना 800 004, बिहार
कॉफ़ी हाउस कैम्पस, महात्मा गांधी मार्ग, इलाहाबाद 211 001, उत्तर प्रदेश
महात्मा गांधी अंतरराष्ट्रीय हिंदी विश्वविद्यालय, वर्धा 442 001, महाराष्ट्र

www.vaniprakashan.com
marketing@vaniprakashan.in
sales@vaniprakashan.in

Shiksha Jo Swar Sadh Sake
by Rajaneesh Kumar Shukla
Edited by Rishabh Kumar Mishra

ISBN : 978-93-90678-36-5
Education

प्रथम संस्करण 2021
द्वितीय संस्करण 2023

मूल्य : ₹ 225

आर. टेक ऑफ़सेट प्रिंटर्स, दिल्ली-110032 में मुद्रित

वाणी प्रकाशन का लोगो मक़बूल फ़िदा हुसेन की कूची से

डॉ. वी.के. सारस्वत
Dr. V.K. Saraswat
सदस्य
Member
Tele : 23096566, 23096567
Fax : 23096603
E-mail : vk.saraswat@gov.in

सत्यमेव जयते

भारत सरकार
नीति आयोग, संसद मार्ग
नई दिल्ली–110 001
Government of India
NATIONAL INSTITUTION FOR TRANSFORMING INDIA
NITI Aayog, Parliament Street
New Delhi-110 001

पुरोवाक्

प्रो. रजनीश कुमार शुक्ल के व्याख्यानों का संकलन, 'शिक्षा जो स्वर साध सके', राष्ट्रीय शिक्षा नीति–2020 के विभिन्न आयामों की समुचित एवं युक्तिपरक व्याख्या है। इस पुस्तक में भारतीय संस्कृति, कला, विज्ञान, अध्यात्म, धर्म एवं परंपराओं के परिप्रेक्ष्य में शिक्षा नीति का विश्लेषण किया गया है। प्रो. शुक्ल ने स्वतंत्रता के बाद पिछले 75 वर्षों के दौरान ब्रिटिश भारत के अवशेषों पर निर्मित भारत की शिक्षा प्रणाली की समीक्षा की है और रचनात्मक सोच एवं नवाचार के गुणों के साथ भारत के युवाओं को तैयार करने के लिए रा.शि.नी.–2020 में शामिल किए गए परिवर्तनों की सराहना की है। प्रो. शुक्ल ने पहचाना है कि रा.शि.नी.–2020 का उद्देश्य 'रोट लर्निंग' की प्रक्रिया से छुटकारा पाना है। शिक्षण में इसी प्रक्रिया पर बल देने के कारण भारतीय युवाओं में रचनात्मकता की उपेक्षा हुई है। रा.शि.नी.–2020 वास्तव में स्वामी विवेकानंद और पंडित मदन मोहन मालवीय के दर्शन को वापस लाती है। इसका मुख्य उद्देश्य ऐसी युवा पीढ़ी का निर्माण करना है जिसमें कल्पना का शिखर हो, वास्तविकता के साथ गहरा संपर्क हो, हृदय में संवेदनशीलता हो एवं अपने हाथों का उपयोग करके कठिन से कठिन कार्यों को संभालने की क्षमता हो। प्रो. शुक्ल के व्याख्यानों में यह बात स्पष्ट रूप से सामने आई है कि नई शिक्षा नीति में विवेकानंद की ज्ञान–दृष्टि और वेदांत, मालवीय जी की कर्म–दृष्टि और धर्म–दर्शन का अच्छा समन्वय है। इसके फलीभूत रूप में नीति का उद्देश्य समाज, राष्ट्र और विश्व के समग्र विकास के लिए युवा पीढ़ी का निर्माण करना है।

राष्ट्रीय शिक्षा नीति–2020 के विश्लेषण में प्रो. शुक्ल ने शिक्षा के दो बुनियादी तत्त्वों– शिक्षक व विद्यार्थी के पारस्परिक संबंध की व्याख्या की है। इसे भारत की पारंपरिक वैदिक शिक्षा प्रणाली से बहुत सुंदर रूप से जोड़ा है। उन्होंने शिक्षा के क्षेत्र में स्वायत्तता की प्रासंगिकता पर भी प्रकाश डाला है। इसके लिए प्राचीन गुरुकुलों व विश्वविद्यालयों का संदर्भ भी प्रस्तुत किया है। जहां राज्य का शैक्षिक संस्थानों के संचालन में कोई हस्तक्षेप नहीं था। इसी आदर्श के अनुरूप नई नीति में शैक्षणिक संस्थाओं की स्वायत्तता पर विशेष बल दिया है।

आचार्य शुक्ल ने अपने विश्लेषण में इस तथ्य पर बल दिया है कि शिक्षा केवल सूचना का हस्तांतरण नहीं है बल्कि यह मानवीय संवेदनाओं को विकसित करने और एक बेहतर समाज के लिए मनुष्य के सर्वांगीण विकास की प्रक्रिया है। इसी दृष्टि को ध्यान में रखते हुए राष्ट्रीय शिक्षा नीति–2020 ने व्यावसायिक शिक्षा, जीवन विज्ञान, सामाजिक विज्ञान और प्रौद्योगिकी को शामिल करते हुए बहु–विषयक शिक्षा को बढ़ावा देने की संस्तुति की है। इस पद्धति को अपनाने से भारत की भावी पीढ़ी की रचनात्मकता एवं कल्पनाशीलता को संवर्धित किया जा सकता है।

राष्ट्रीय शिक्षा नीति–2020 ने पूर्व प्राथमिक से लेकर उच्च शिक्षा तक के विशिष्ट लक्ष्य और उद्देश्य निर्धारित किए हैं। इस नीति में भारतीय बच्चों में 'मूलभूत कौशल, विशेषकर गणित व पढ़ने की क्षमता' में अभाव को गहरे रूप में पहचाना गया है एवं इस कमी को दूर करने के लिए दूरगामी प्रस्ताव रखे गए हैं। यह पहली शिक्षा नीति है जो भारतीय भाषाओं, संस्कृति और कला पर आधारित है। इस नीति ने उच्च शिक्षा में भारतीय भाषाओं, साहित्य, संगीत, दर्शन, पारंपरिक ज्ञान, कला एवं नाटक की भूमिका पर जोर दिया है। यह नीति विद्यार्थियों को ज्ञानानुशासनों के बंधनों से परे उन्हें उनके पसंद के विषयों का चयन करने का अवसर प्रदान करती है। इस नीति में शिक्षण और शोध की प्रक्रिया में कल्पना और रचनात्मकता को बढ़ावा देने के लिए मातृभाषा के उपयोग पर बल दिया गया है।

इस नीति का लक्ष्य वर्तमान शिक्षा ढांचे को तोड़ना नहीं है बल्कि इस तरह से ढालना है कि यह एक मजबूत पेड़ बन जाए। इसकी छाया में मौलिक चिंतन प्रक्रिया और रचनात्मक कल्पना का विकास हो। यह किताबी ज्ञान और विचारों के व्यावहारिक प्रयोग, जिससे उत्पादन की प्रक्रिया को बढ़ावा मिलता है, के अंतर को समाप्त करने का लक्ष्य रखती है।

अंत में प्रो. शुक्ल ने राष्ट्रीय शिक्षा नीति–2020 को कार्यान्वित करने के सुझावों पर प्रकाश डाला है। उनका मानना है कि शिक्षा नीति के सफल कार्यान्वयन के लिए विद्यालयों, विश्वविद्यालयों एवं अन्य शैक्षणिक संस्थानों के अध्यापकों को अग्रणी भूमिका निभानी होगी। यदि हमारे शिक्षकगण भारत की शिक्षा पद्धति में परिवर्तन लाने के लिए ईमानदारी के साथ प्रतिबद्ध हो जाएं तो मुझे इस नीति के सफल कार्यान्वयन में कोई संदेह नहीं। राष्ट्रीय शिक्षा नीति की सफलता की पूरी जिम्मेदारी हमारे आदरणीय शिक्षकों पर है.....

"गुरुर्ब्रह्मा गुरुर्विष्णुः गुरुर्देवो महेश्वरः ।
गुरुः साक्षात् परं ब्रह्म तस्मै श्री गुरवे नमः ।"

मैं आचार्य रजनीश कुमार शुक्ल के इस अथक प्रयास की हार्दिक रूप से सराहना करता हूं। उन्हें कोटि–कोटि बधाई देता हूं।

धन्यवाद। जय हिंद।

(डॉ विजय कुमार सारस्वत)
सदस्य नीति आयोग

संपादकीय

राष्ट्रीय शिक्षा नीति-2020 भारतीय शिक्षा व्यवस्था के सुदृढ़ भविष्य की आधारशिला है। यह भारतीय शिक्षा की वर्तमान समस्याओं के समाधान हेतु क्रियान्वयन सूत्रों से युक्त दस्तावेज़ है, जिसमें भारत की जनाकांक्षाएँ प्रतिबिंबित होती हैं। राष्ट्रीय शिक्षा नीति-2020 को संस्तुतियों की सूची मानकर व्याख्यायित नहीं किया जा सकता है बल्कि इसमें निहित मूल्यों एवं सांस्कृतिक चेतना को समझने की आवश्यकता है। इस हेतु आचार्य रजनीश कुमार शुक्ल की विचार दृष्टि हमें नई दिशा देती है। आचार्य शुक्ल ने समय-समय पर भारत के विभिन्न उच्च शिक्षा संस्थानों एवं केंद्रों में विद्यार्थियों और शिक्षकों के लिए शिक्षा नीति से संबंधित अनेक व्याख्यान दिए हैं। इन व्याख्यानों में इन्होंने राष्ट्रीय शिक्षा नीति-2020 का तत्त्वमीमांसीय एवं ज्ञानमीमांसीय विश्लेषण किया है। प्रस्तुत पुस्तक इन्हीं व्याख्यानों का संकलन है।

इस पुस्तक का प्रतिपाद्य है कि राष्ट्रीय शिक्षा नीति-2020 द्वारा शिक्षा की संरचना, अंतर्वस्तु, शिक्षणशास्त्र एवं शैक्षिक प्रशासन की व्यवस्था को सर्वजनहितकारी, गुणवत्तापूर्ण एवं समावेशी बनाने का प्रयास किया गया है। इस नीति के निर्वचन में यह ध्यान रखने की आवश्यकता है कि इसमें निहित समाधान-दृष्टि तात्कालिक न होकर तात्त्विक बदलावों को व्यक्त करती है जिनके माध्यम से शिक्षा का पूर्ण कायाकल्प किया जा सकता है। इसमें परंपरा और आधुनिकता के बीच द्वैत के स्थान पर अद्वैत का प्रतिपादन है। इस नीति में भारतीय चिंतन परंपरा के आलोक में ज्ञान की अखंडता, सर्वकल्याण के आदर्श और मुक्ति की कामना के लिए शिक्षा को माध्यम माना गया है। इसके साथ-साथ शिक्षा में सूचना प्रौद्योगिकी के प्रयोग द्वारा विस्तार एवं समावेशन की दिशा में भी विचार किया गया है। इस नीति के सार्थक क्रियान्वयन के लिए इसमें मार्गदर्शक

सूत्रों को भी प्रस्तुत किया गया है। ये सूत्र समयबद्ध लक्ष्य की प्राप्ति का मार्ग दर्शाते हैं। इनके आधार पर भविष्य में नीति का मूल्यांकन किया जा सकता है।

प्रस्तुत पुस्तक भारतीय शिक्षा के संस्कृति-बोध को उद्‌घाटित करती है। इसमें शिक्षा के हेतु की व्याख्या करते हुए यह स्पष्ट किया गया है कि शिक्षा को उसके तंत्रों के माध्यम से न समझकर उसके तत्त्व-शिक्षक और शिक्षार्थी की चैतसिक सत्ता के अर्थ में समझना चाहिए। शिक्षा का राज्याश्रित होना संसाधनों की दृष्टि से सुविधाजनक हो सकता है लेकिन इसका आशय स्वायत्तता और स्वावलंबन के साथ समझौता कदापि नहीं है। प्रायः हम नीति को राज्य के सुझावकारी उपायों के रूप में देखते हैं लेकिन इस पुस्तक में यह स्थापना की गई है कि भारतीय शिक्षा, भारत-बोध के बिना अधूरी है। यह भारत-बोध भारतीय जन में व्याप्त एकत्व को पुष्ट करता है, समानता व न्याय जैसे मूल्यों की उपस्थिति से अपने को साकार करता है। इस पुस्तक में उन समस्त विषय क्षेत्रों को सम्मिलित करने का प्रयास किया गया है जिनके सहयोग से शिक्षा के सभी हितचिंतक भारतीय शिक्षा के इतिहास की नींव पर वर्तमान का विश्लेषण करते हुए भविष्य के समाधान की परिकल्पना कर सकते हैं। पुस्तक के पहले तीन अध्यायों में भारत की शिक्षा पर उपनिवेशवाद के प्रभाव का मूल्यांकन किया गया है। इन अध्यायों में विश्लेषित किया गया है कि भारतीय शिक्षा के 'रमणीक वृक्ष' को अंग्रेजों द्वारा क्यों और कैसे नष्ट किया गया? अध्याय चार से आठ में शिक्षा नीति की आधारभूत मान्यताओं की व्याख्या है जिसमें शिक्षा के लक्ष्यों एवं नए प्रस्तावित बदलावों की प्रासंगिकता का विश्लेषण किया गया है। अध्याय-9 में भारतीय चिंतन परंपरा के आलोक में अधिगम, पाठ्यचर्या एवं शिक्षणशास्त्र की व्याख्या की गई है। अगले तीन अध्यायों में भारत की बहुभाषिकता को इस अर्थ में विवेचित किया गया है कि यह हमारी सीमा न होकर संभावना है। राष्ट्रीय शिक्षा नीति-2020 इन्हीं संभावनाओं को आधार बनाकर औपचारिक शिक्षा में भारतीय भाषाओं की प्रतिष्ठा हेतु विभिन्न संस्तुतियां करती है। अध्याय-13 शिक्षा में समावेशन एवं न्याय की अपरिहार्यता को रेखांकित करता है। अध्याय-14 समाज विज्ञान के संदर्भ में भारतीय ज्ञान परंपरा की प्रासंगिकता का प्रतिपादन करता है। अगले दो अध्यायों में भाषा, मानविकी और समाज विज्ञान के ज्ञानानुशासनों को केंद्र में रखते हुए शिक्षा नीति के क्रियात्मक सूत्रों को प्रस्तुत किया गया है। इनके माध्यम से भविष्य के अध्ययन कार्यक्रमों, शिक्षण विधियों और आकलन

आदि की योजनाओं को तैयार किया जा सकता है। अध्याय-17 शिक्षकों एवं विद्यार्थियों की भूमिकाओं को रेखांकित करता है। कुल मिलाकर इन अध्यायों की मूल स्थापना है कि शिक्षा का लक्ष्य साक्षरता से जुड़ी कुशलताएँ प्रदान करना नहीं है बल्कि शिक्षा की वास्तविक उपलब्धि सर्जनात्मक कल्पना की क्षमता से युक्त विद्यार्थियों और शिक्षकों को तैयार करना है।

आचार्य शुक्ल के प्रज्ञालोक में यह सर्जन हो सका इसके लिए मैं आचार्य शुक्ल के प्रति हृदय से आभार व्यक्त करता हूँ। संकलित व्याख्यानों के लिप्यंतरण में सहयोग करने वाले शिक्षक साथियों श्री समरजीत, डॉ. सत्यवीर, डॉ. जगदीश नारायण तिवारी, डॉ. प्रदीप, डॉ. अभिलाष, डॉ. सारिका राय शर्मा, डॉ. पुष्पा नामदेव, डॉ. ऋचा द्विवेदी और सुश्री ऋचा कुशवाहा के सहयोग के बिना यह कार्य संभव ही नहीं था। सुश्री रोमसा शुक्ला के सुझावों ने विषयवस्तु की प्रस्तुति एवं पठनीयता को दिशा दी। पुस्तक के प्रारूप को अपनी टिप्पणियों से परिपक्व करने में महती भूमिका निभाने वाले अग्रज डॉ. जयंत उपाध्याय के सुझावों ने पुस्तक को इसका वर्तमान स्वरूप दिया है। आप दोनों के इस अप्रतिम सहयोग के लिए मैं आभारी हूँ। श्री आनंद भारती, डॉ. चंद्रशेखर पांडेय, डॉ. कुलदीप कुमार पांडेय और डॉ. हरीश चंद्र पांडेय का भी आभार ज्ञापित करता हूँ जिनकी प्रतिपुष्टियों ने वर्तनीगत शुद्धता को सुनिश्चित किया। पुस्तक के प्रकाशन में सक्रिय सहयोग देने हेतु प्रो. कृपा शंकर चौबे, डॉ. मनोज कुमार राय और डॉ. रामानुज अस्थाना के प्रति भी मैं धन्यवाद ज्ञापित करता हूँ। इस पुस्तक के मुद्रण में सहयोग करने वाले कर्मियों श्री नटराज वर्मा, श्री राजेश आगरकर एवं श्री सुरेश कुमार यादव के सहयोग हेतु धन्यवाद।

—ऋषभ कुमार मिश्र

अनुक्रम

1

शिक्षा का हेतु

शिक्षा का लक्ष्य लोक कल्याणकारी दृष्टि की निर्मिति है, जिसमें सामंजस्य रखने वाली जीवन-प्रणाली परिलक्षित होती है। इस गुण के बिना शिक्षा प्रशिक्षण मात्र है। इसे उपकरणों व संसाधनों के उपयोग की शिक्षा कह सकते हैं। इसीलिए भारतीय संदर्भों में शिक्षा के लिए 'कला' शब्द प्रचलित है। मलयालम में आज भी 'कला' शब्द का उपयोग होता है। वहाँ महाविद्यालय नहीं हैं, महाकलालय हैं। कला अर्थात् जो चैतसिक वृत्ति है, जो सृजनात्मक क्षमता से युक्त है, वह किसी माध्यम से अभिव्यक्त होती है। यह अभिव्यक्ति शिक्षार्थी में निहित आंतरिक गुणों का प्रकट रूप होती है। भारतीय परंपरा व्यक्ति के जीवन में शिक्षा की इसी भूमिका को मान्य करती है। विवेकानंद भी यही कहते हैं–"शिक्षा मनुष्य में निहित पूर्णता की अभिव्यक्ति है।" भारतीय संदर्भों में शिक्षा का एक अन्य अर्थ 'उच्चारण' है। उच्चारण अर्थात् स्वर को जानना अथवा मात्रा को समझना। सरल शब्दों में इस प्रक्रिया को इस प्रकार व्याख्यायित किया जा सकता है कि व्यक्ति के निर्माण हेतु किस प्रकार के स्वर प्रयुक्त होंगे? और कितनी मात्रा में उसको बाह्य सामग्री अर्थात् अध्ययन सामग्री का प्रयोग करना है, उसका संयोजन ही शिक्षा है। इस संयोजन के नाम पर हम जिस बाह्य सामग्री को स्थान दे रहे हैं, उसे शिक्षा का उद्देश्य मान लेते हैं। हम यह भूल जाते हैं कि जो बाहर का होता है वह हमेशा 'फॉरेन' का ही रहता है। शिक्षा के परिणाम के रूप में जो उभरकर आता है, वह शिक्षार्थी में निहित आंतरिक गुण होते हैं। इस अंतर्निहित को प्रकाशित करना ही अच्छी शिक्षा है।

जब से शिक्षा में राजव्यवस्थाओं के हस्तक्षेप का इतिहास प्राप्त होता है, तब से अच्छी शिक्षा का तात्पर्य अच्छा नागरिक बनाना हो गया है।

इसे ही हम शिक्षा के सर्वप्रमुख लक्ष्य के रूप में परिभाषित करते हैं जबकि मनुष्य बनाना तो नागरिक बनाने से बहुत ऊपर का काम है। यदि अच्छा मनुष्य होगा तो वह अच्छा नागरिक हो ही जाएगा। अतः व्यक्ति अच्छा मनुष्य बने, यह शिक्षा का उद्देश्य होना चाहिए, लेकिन इसके लिए शिक्षा को स्वतंत्र, स्वायत्त और स्वावलंबी होना होगा। ऐसा होने पर शिक्षा सृष्टि में व्याप्त पारस्परिकता को पोषित कर पाएगी। वर्तमान में शिक्षा मनुष्य को संसाधन के रूप में देखती है और उसे ऐसे संसाधन के रूप में विकसित करती है जो कुशल एवं कार्य-दक्ष है। ऐसा कुशल मनुष्य कम संसाधनों में अधिक उत्पादन कर लेता है। ध्यातव्य है कि इस तरह की क्षमता का निर्माण शिक्षा का व्यापक उद्देश्य नहीं है। मनुष्य का निर्माण एक दीर्घकालिक प्रक्रिया है जिसका घटक स्वयं मनुष्य है। इसे काशी विद्यापीठ की स्थापना के समय महात्मा गांधी के द्वारा कहे गए दोहे के माध्यम से समझ सकते हैं—

कला बहत्तर पुरुष की, वामे दो सरकाज
एक जीव को जीविका, एक जीव उद्धार।

अच्छी शिक्षा के दो ही घटक हैं—शिक्षा जीविका के लिए तैयार करती है और शिक्षा जीव का उद्धार करती है। उद्धार होना अर्थात जो नीचे जा रहा है उसे ऊपर उठाना। समाज का कोई वर्ग नीचे जा रहा है तो उसे ऊपर उठाना चाहिए। कोई व्यक्ति नीचे जा रहा है तो उसे ऊर्ध्वगामी बनाना चाहिए, यही उद्धार है। शिक्षा सभी प्रकार के बंधनों से मुक्ति का उपक्रम है—सामाजिक बंधनों से मुक्ति होनी चाहिए और भौतिक बंधनों से भी। राजसत्ता के जो बंधन हैं, उनसे भी मुक्ति होनी चाहिए। इन सब से परे मनुष्य की सब प्रकार के दुःखों से मुक्ति होनी चाहिए। वस्तुतः बंधनों और दुःखों से मुक्ति यही शिक्षा का उद्देश्य है। अच्छी शिक्षा के दो ही घटक हैं। एक, जो शिक्षा दे रहा है और दूसरा, वह जो शिक्षा प्राप्त कर रहा है। ऐसा देखने में आता है कि हमने शिक्षा की प्रक्रिया में इसके संसाधनों को ही घटक मान लिया है। अब अगर आप वैद्य हैं और आपसे घटक पूछा जाए तो आप क्या बताएँगे? जो सिलबट्टे द्वारा दवाएँ कूटी जा रही हैं, वे घटक नहीं हैं। वे व्यवस्थाएँ और संसाधन हैं। शिक्षा का घटक तो चैतसिक व्यक्ति है। इस चैतसिक व्यक्ति की प्रकृति और विशिष्टता को समझे बिना शिक्षा संभव ही नहीं है। दुनिया की कठिनाई यह

रही है कि औद्योगिक क्रांति के बाद से शिक्षा को उत्पादकता बढ़ाने का साधन समझा गया है। शिक्षा को राजव्यवस्थाओं को मजबूत करने के साधन के रूप में नियोजित किया गया है। शिक्षा को अनुशासित नागरिक बनाने की प्रक्रिया के रूप में समझा गया है, क्रांति के साधन के रूप में नहीं। क्रांति यानि उच्चतर मूल्यों के लिए प्रश्न खड़ा करना। भारतीय परंपरा में प्रश्न खड़े होते रहे हैं, जैसे नचिकेता ने प्रश्न खड़ा किया। वह अपने पिता, शिक्षक और आचार्य से जोर-जोर से कह उठता है कि बताइए अगर मैं आपकी संपत्ति हूँ तो आप मुझे किसे दान देंगे? इस प्रकार के प्रश्न सामाजिक विसंगतियों की प्रक्रिया में खड़े होते हैं। तात्पर्य यह है कि केवल उपायों और कौशलों को जानना शिक्षा नहीं है अपितु सुख क्या है? दुःख क्या है? हम कैसे मनुष्य को सुखी कर सकते हैं? किन कारणों से मनुष्य दुःखी होते हैं? इस प्रकार के विवेक को जाग्रत करने की प्रक्रिया ही अच्छी शिक्षा है। यदि श्रेष्ठ समाज की निर्मिति का कोई साधन इस दुनिया में है तो वह केवल शिक्षा है जिसके लिए एक विशेष प्रक्रिया का विधान होता है। यह पाठ्यक्रम से नहीं आता। यह केवल शिक्षणशास्त्र तक सीमित नहीं है। इसका पूरा संदर्भ और प्रणाली होती है। तैत्तिरीय उपनिषद् की शिक्षावल्ली में दीक्षांत का उल्लेख करते हुए ऋषि जब कहते हैं–

यान्यस्माकं सुचरितानि तानि त्वयोपास्यानि नो इतराणि।

जो हमारा सुचरित्र है तुम उसका ही अनुगमन करना, अन्य का नहीं। अर्थात शिक्षा वस्तुतः शिक्षक के रूप में समाज में उन आदर्शों की निर्मिति का साधन है जिसका अनुगमन समाज करेगा। यही बात भगवद्गीता में भी कही गई है–

यद्यदाचरति श्रेष्ठस्तत्तदेवेतरो जनः।
स यत्प्रमाणं कुरुते लोकस्तदनुवर्तते।।

श्रेष्ठ पुरुष जैसा-जैसा आचरण करता है, वैसा ही आचरण साधारण लोग भी करते हैं। वह जो कुछ प्रमाण रूप कार्य करता है, शेष लोग उसी का अनुसरण करते हैं। हमें कैसा समाज चाहिए? यह कोई सरल प्रश्न नहीं है। यह कोई कविता नहीं है। समाज का प्रत्येक व्यक्ति अपने-अपने ढंग से इसकी कल्पनाएँ कर लेगा। हमारा समाज सभी प्रकार के कल्याण और शुभता से

भरा समाज है। हम सब इसके सहभागी हैं। क्या दुःख उत्पन्न करने में, दुःख भोगने आदि में कोई सहभागी होना चाहता है? क्या सभी सुख को उत्पन्न करने में और उस सुख को प्राप्त करने में सहभागी होना चाहते हैं? शिक्षा के इन्हीं प्रश्नों को मैत्रेयी ने याज्ञवल्क्य के सामने उठाया था—"वह लेकर मैं क्या करूंगी जो अंतिम रूप से कल्याणकारी नहीं है?" समाज का तात्पर्य क्या है? समाज मनुष्य के सकल योग का निर्माण है जिसमें पारस्परिक संबंधों की व्याप्ति होती है। इसमें भाषा, वर्ण, जाति, कुल, ग्राम, जनपद और राष्ट्र जैसे संबंध होते हैं। इसमें परिवार जैसी स्वाभाविक इकाइयाँ हैं। इस प्रकार का समाज निर्मित करने का एक मात्र साधन शिक्षा है; क्योंकि अगर समाज एक चैतसिक रचना है, एक जैविक इकाई है तो शिक्षा मनुष्य की निर्मिति की एक प्रक्रिया है, जो समग्रता में होती है। यह टुकड़े-टुकड़े में संभव नहीं है। टुकड़े-टुकड़े के संयोजन से अव्यवस्था पैदा होती है। इसके लिए संस्कृत में एक सूक्ति है—

विनायकं प्रकुर्वाणो रचयामास वानरम्।

विनायक की प्रतिमा बनाना चाहते थे और बन गए वानर। टुकड़ों को जोड़ने पर ऐसा ही होता है। अतः शिक्षा के विषय में हमें समग्रता में सोचना पड़ेगा। व्यक्ति और समाज को नित्य और समग्र रूप में सोचना पड़ेगा। प्रत्येक समाज की कुछ आकांक्षाएँ होती हैं, कुछ अपेक्षाएँ होती हैं, कुछ लक्ष्य होते हैं। उस समाज की आकांक्षाओं, अपेक्षाओं और लक्ष्यों को समझे बिना जो शिक्षा स्थापित होती है वह फलदायी नहीं होती है। भारतीय संदर्भों में ऐसा ही हुआ है। भारत के अंदर 200 वर्ष पहले हमने शिक्षा के जो लक्ष्य बनाए वे हमारे नहीं थे। जिन्होंने शिक्षा के लक्ष्य निर्धारित किए उन्होंने अपने समाज, अपने समूह, अपने व्यक्तियों के लिए निर्धारित किए। हमने मान लिया कि वे श्रेष्ठतम थे। वही अपरिहार्य थे। उसके अलावा कोई अन्य रास्ता नहीं था। हमने उसे बदला नहीं बल्कि वही चलाते रहे। परिणामस्वरूप वर्तमान में शिक्षा की समाज, राष्ट्र और मनुष्य की निर्मिति में कोई भूमिका नहीं है। प्राथमिक और माध्यमिक शिक्षा की थोड़ी-बहुत सराहना कर भी सकते हैं, लेकिन उच्च शिक्षा की तो इन सब में कोई भूमिका ही नहीं है। उच्च शिक्षा मनुष्य की उपभोक्तावादी अभिवृत्तियों को बढ़ाने के यत्न के रूप में ही दिखाई देती है।

यह मनुष्य को मशीन के समानांतर खड़ा करने वाली शिक्षा है। जबकि समाज-निर्मिति की शिक्षा मनुष्य का विचार करेगी। यदि शिक्षा में मनुष्यों की अस्मिता और गरिमा पर विचार नहीं हो रहा है, वे जिस परंपरा में, जिस संस्कृति में, अनादि इतिहास के जिस प्रवाह में खड़े हैं, उसकी समझ नहीं बन रही है, तो वह शिक्षा अपनी जड़ों से कटी हुई शिक्षा है। इसे ध्यान में रखते हुए हमें भारत की समग्र शिक्षा प्रणाली के बारे में एक बार फिर से सोचना पड़ेगा। हमें विचार करना होगा कि परकीयों के उद्देश्यों को सिद्ध करने वाली शिक्षा को स्वकीय कैसे बनाया जाए? उसमें स्वकीय दृष्टि कैसे आ सके? कैसे हम अपने विद्यार्थियों में 'स्वराज' का बोध दे सकें? स्वराज के संदर्भ में हमें व्यक्ति के आत्मतत्त्व के जागरण का, उस जागरण के द्वारा संपूर्ण लोक के कल्याण का विचार करना है। यही शाश्वत विकास का मंत्र है, प्रकृति के साथ सहजीवन का आधार है।

पृथ्वी पर जब किसी वस्तु को अनापेक्षित और अनावश्यक समझ कर उसके साथ छेड़छाड़ की जाती है तो प्रकृति विद्रोह कर बैठती है। बार-बार विभिन्न प्रकार की प्राकृतिक आपदाओं और महामारियों के द्वारा हमने प्रकृति के विद्रोह का अनुभव किया है, लेकिन हमने इससे सीखा नहीं है। जो शिक्षा मनुष्य और प्रकृति के सहअस्तित्व का बोध नहीं पोषित कर सकती, मनुष्य को उसके भविष्य के संकटों के प्रति सावधान नहीं कर सकती, केवल उसकी क्षणिक ऐंद्रिक लालसाओं की पूर्ति को उसका लक्ष्य बताती है, वह संपुष्टिकारी और स्वस्थ बनाने वाली शिक्षा नहीं हो सकती है। अतः शिक्षा का वास्तविक लक्ष्य व्यक्ति, समाज, राष्ट्र और विश्व के दैहिक, दैविक, भौतिक और उससे परे आध्यात्मिक मंगल का मार्ग प्रशस्त करना है। गांधी जी भी इसी का प्रतिपादन करते हैं। वे मानते हैं कि जो शिक्षा समता, करुणा, अहिंसा, बंधुता और लोक कल्याण की दृष्टि प्रदान करे, वही वास्तविक शिक्षा है। इस विश्व में सुखपूर्वक, आनंदपूर्वक जीवन व्यतीत करते हुए यदि इस लोक से परे भी कोई सत्ता है तो उसको भी साधित करने की क्षमता वास्तविक शिक्षा है। ऐसी शिक्षा एक श्रेष्ठ समाज के निर्माण का यत्न है जिससे संपोष्यकारी जीवन प्रणाली की निर्मिति होनी तय है।

हमने केवल शिक्षा के यांत्रिक प्रश्नों जैसे—कैसे पढ़ाया जाना चाहिए? शिक्षण में किन-किन संसाधनों का उपयोग होना चाहिए? आदि पर विचार किया है।

हमने माना कि इन प्रश्नों का उत्तर केवल कक्षा शिक्षण द्वारा संभव है जबकि हमें जीवन व्यवहार के अन्य क्षेत्रों में भी शिक्षा की भूमिका पर विचार करना चाहिए और प्रश्न पूछना चाहिए कि क्यों पढ़ाया जाए? इसी 'क्यों' का उत्तर देते हुए कृष्ण भगवद्गीता में अर्जुन से कहते हैं–

अशोच्यानन्वशोचस्त्वं प्रज्ञावादांश्च भाषसे।

हम सभी उसी स्थिति में हैं। हम सब उन विषयों को लेकर चिंतित हैं, जिसकी चिंता नहीं करनी है। जो चिंता करने योग्य नहीं है, हम उस विषय में उलझे हैं; जो मूल प्रश्न हैं, उसके उत्तर नहीं तलाश रहे हैं। मूल प्रश्न क्या है? दुःख है, भय है, शोषण है और सभी तक जीवन के आवश्यक संसाधन पहुँचें यह सुनिश्चित करना है। शिक्षा से यह कैसे संभव हो, यह हमारा प्रश्न होना चाहिए। इसकी शिक्षा कैसे होगी? इस पर विचार करना चाहिए। इसकी शिक्षा प्रत्येक व्यक्ति को कैसे मिले? इसके लिए यत्न होने चाहिए। इसे समग्रता की दृष्टि से देखने के स्थान पर हमने खंडित करके देखा है। उदाहरण के लिए वितरण की प्रणाली को अर्थशास्त्र वाले और वाणिज्य वाले समझेंगे और उत्पादन की प्रणाली को इंजीनियरिंग वाले समझेंगे। हमने एक ही प्रक्रिया के दो घटकों में दूरी पैदा कर दी है। एक सिर्फ बांटने का सिद्धांत बना रहा है और दूसरा सिर्फ पैदा करने का सिद्धांत बना रहा है। हमें समझना होगा कि उत्पादित करना, वितरित करना और उपभोग करना, ये तीनों अलग-अलग नहीं हैं। ये सर्वकल्याण के लक्ष्य को पूर्ण करने के अवयव और चरण हैं। इन्हें समग्रता में देखना पड़ेगा। हम केवल ज्ञान को विद्यास्थानों में बांटने के चक्कर में फंस गए हैं। हमने प्रत्येक विद्यास्थान के बीच कठोर विभाजन कर दिया है। अच्छी शिक्षा के लिए आवश्यक है कि मनुष्य का समग्रता में विचार किया जाए। यह बात सही है कि ज्ञान का जो विस्तार है, उसमें हर आदमी सब कुछ थोड़ा-थोड़ा जान सकता है। कुछ कौशलों में प्रशिक्षित हो सकता है। उदाहरण के लिए ब्रिटेन में ग्रामर स्कूल और पॉलिटेक्निक अलग-अलग हैं। ग्रामर स्कूल शिक्षा के केंद्र हैं जबकि पॉलिटेक्निक प्रशिक्षण के केंद्र हैं। इसी मॉडल पर भारत में आधुनिक शिक्षा का बीजारोपण हुआ। हमने भी अभियांत्रिकी, साहित्य और सामाजिक विज्ञानों को अलग कर दिया। इसके औचित्य को उपयोगितावाद के आधार पर सही ठहराया।

इससे शिक्षा का व्यावहारिक उद्देश्य पूर्ण होता है लेकिन शिक्षा के समग्र उद्देश्य पर भी विचार करना आवश्यक है। हमें ध्यान रखना होगा कि व्यक्ति का कौशल से अनुबंधन उसे उत्पादक बना सकता है लेकिन 'मनुष्य' नहीं। शिक्षा द्वारा मनुष्य को उत्पादक बनाने पर अधिक बल देने का ही परिणाम है कि कुंठाओं का विस्तार हुआ है, लालच बढ़ी है, दूसरों के विचारों को नकारने की प्रवृत्ति पनपी है। इससे एक तथ्य तो स्पष्ट है कि हमें दूसरों के मॉडल का अनुकरण करने की आदत छोड़नी होगी, अपनी संस्कृति और परंपरा बोध के आधार पर अपनी शिक्षा को समर्थ बनाना होगा। अनुकरण करने का ही परिणाम है कि पश्चिम की तरह हम भी शिक्षा सहित अन्य प्रक्रियाओं में द्वैत देखते हैं—या तो कोई वस्तु अस्तित्ववान है या अस्तित्ववान नहीं है। जबकि वास्तव में ऐसा नहीं है। अस्तित्व और अस्तित्व न होने के बीच एक संवृत्ति का संसार है और एक नित्य सत्ता भी है। इस आधारभूमि को संज्ञान में लेते हुए परिवर्तनों को समझाने वाली शिक्षा एक साथ विज्ञान और कला, इन दोनों को साधने वाली शिक्षा बन सकती है। इसके लिए एक युगांतकारी परिवर्तन की आवश्यकता है। इसका मतलब यह नहीं कि शिक्षा के संसाधन और अन्य उपकरण निरुपयोगी हैं। लेकिन, ध्यान रखिए कि चम्मच से खाया जाता है चम्मच को नहीं खाया जाता है। उपकरणों से भोजन बनेगा, उपकरणों से क्षुधा शांत नहीं होगी और केवल क्षुधा शांत करके मनुष्य को संतुष्ट नहीं किया जा सकता है। उसके लिए स्वाद की भी निर्मिति करनी पड़ती है। मनुष्य विटामिन की गोली खाकर नहीं चल सकता है। मनुष्य रोबोट नहीं है। यदि शिक्षा को एकरस बना देंगे, एक रूप बना देंगे और इनके द्वारा एक जैसा ही सोचने वाला व दुनिया को समझनेवाला मनुष्य बनाएँगे तो यह दुनिया बेरंग हो जाएगी। शिक्षा वह है जो बहुरंगी दुनिया का निर्माण करती है, विविधताओं को सामने ले आती है, जो एकता के अधिष्ठान पर विविधताओं का पल्लवन करती है।

सूचना के खंडों को स्थानांतरित करना शिक्षा नहीं है। वह तो एक बड़ी ज्ञान राशि को सुविधानुसार व्यवस्थित करना है। इस व्यवस्था की एक भ्रामक व्याख्या ने हमारी दिशा बदल दी। हम मानने लगे कि ज्ञान सूचना है और कम्प्यूटर की हार्ड डिस्क की तरह इस सूचना को धारण करने वाला ज्ञानी है। इस सीमित दायरे से बाहर निकलकर हमें अपनी शिक्षा प्रणाली को इस तरह से निर्मित करना पड़ेगा कि मानवीय संवेदनाओं का पोषण हो सके,

जो सीखा और पढ़ा है उसका समाज में विनियोग किया जा सके। हम इसका उल्टा कर रहे हैं। हमारी वर्तमान व्यवस्था में आठ वर्ष तक कृषि पढ़ने के बाद युवा बैंक में क्लर्क बनने की कोशिश करता है। वह युवावस्था में मेडिकल साइंस पढ़ने के बाद सिविल सेवा में जाना चाहता है। इस स्थिति में हमारी शिक्षा वहीं निष्फल हो जाती है। शिक्षा में जिस प्रकार का प्रशिक्षण उसको मिला है उस प्रशिक्षण के अनुरूप वह अपने भविष्य के जीवन को नहीं देखना चाहता है। स्पष्ट है कि शिक्षा विद्यार्थी में ज्ञान के प्रति रोमांच एवं श्रद्धा की निर्मिति नहीं कर पा रही है। हमें प्रयास करना होगा कि हमारे विद्यार्थियों ने जो जाना है, जो समझा है, जो सीखा है उसके द्वारा वे नवोन्मेष करें, उनमें ज्ञान के प्रति श्रद्धा हो, उसके विनियोग द्वारा सेवा का भाव हो। यह लक्ष्य केवल विज्ञान से या केवल साहित्य से नहीं प्राप्त होगा। इसके लिए विभिन्न ज्ञानानुशासनों में सामंजस्य को विकसित करना होगा। ऐसे ही शिक्षा और वास्तविक जीवन में भी सामंजस्य को निर्मित करना पड़ेगा। इसका यह आशय नहीं कि व्यावसायिकता या कुशलता का निर्माण आवश्यक नहीं है बल्कि शिक्षा को इस लक्ष्य तक सीमित रखना घातक है। इससे रोजगार मिलता है लेकिन सामाजिक-सांस्कृतिक जीवन को देखने और जीने की दृष्टि नहीं बनती है।

शिक्षा वह है जो मनुष्य के अंदर साहस और सदाचार जैसे सद्गुणों की निर्मिति करे। शिक्षा वह है जो नवोन्मेष की दृष्टि बनाए। शिक्षा द्वारा संसार को यथावत स्वीकार कर लेने वाले मनुष्य का निर्माण निषिद्ध है। उसे तो हर क्षण अपने यत्नों से कुछ बेहतर और श्रेष्ठ बनाने वाले मनुष्य का निर्माण करना ही पड़ेगा। भारतीय संदर्भों में बड़े लंबे समय तक शिक्षा का यही स्वरूप रहा है। जब हम दुनिया भर में ज्ञान को बांटने वाले स्थान के रूप में माने जाते थे तो शिक्षा ऐसी ही थी। शिक्षा व्यक्ति का निर्माण करती थी। इसके लिए कौत्स का उदाहरण देखिए। जब उनकी शिक्षा पूरी हो गयी तब वे गुरु को दक्षिणा देना चाहते हैं। उनके आचार्य कहते हैं, "तुम्हारे पास पैसे नहीं हैं, तुम जाओ तुम्हारी शिक्षा पूर्ण हुई।" उन्होंने कहा कि आचार्य यह एक परंपरा है इस नाते मुझे भी गुरु दक्षिणा देनी है। गुरु दक्षिणा में उन्हें पुनः एक सीख मिलती है। उनके गुरु कहते हैं कि गुरु दक्षिणा में 14 सहस्र मुद्राएँ दो। कौत्स एक स्वर्ण मुद्रा देने की स्थिति में नहीं है और 14 सहस्र मुद्राएँ गुरु माँग बैठता है। कौत्स का साहस ऐसा कि वे रघु के पास जाते हैं।

रघु व्यवस्था करते हैं और कहते हैं, पूरा खजाना भर गया है, ले जाओ। यह तुम्हारे लिए आया है। कौत्स कहते हैं 14 सहस्र लूँगा, न एक पैसा ज्यादा और न एक पैसा कम। अर्थात वे जितनी आवश्यकता है, उतना ही लेते हैं। इस प्रकार की शिक्षा बन जाए तो राष्ट्र और विश्व की सारी समस्याओं का समाधान हो जाए। जिस शिक्षा से राष्ट्र, समाज और विश्व की समस्याओं का समाधान संभव नहीं है, वह शिक्षा बेमानी है। हमें व्यक्ति, समाज और राष्ट्र का विचार करना है। इसके साथ ही हमें विश्व और संपूर्ण ब्रह्मांड के कल्याण का भी विचार करना है। वर्तमान शिक्षा ने तो उस स्तर तक विकास कर दिया है कि हर राष्ट्र के पास इस ब्रह्मांड को नष्ट करने की ताकत आ गई है। लेकिन जो नष्ट करने की ताकत दे, वह शिक्षा नहीं है। शिक्षा वह है जो सृजन की ताकत, निर्मिति का साहस और विवेक दे, जिससे व्यक्ति बाह्य संसार के साथ सुसंगति बनाते हुए जीवन का स्वर साध सके।

2

शिक्षा का रमणीक वृक्ष : एक सिंहावलोकन

स्वतंत्र भारत में शिक्षा के ढाँचे को विकसित करना ही शिक्षा का विकास समझा गया। इस क्षेत्र में हमने पिछले 75 वर्षों में अभूतपूर्व प्रगति की। इस शिक्षा व्यवस्था ने मनुष्य को उत्पादक बनाना अंतिम लक्ष्य मान लिया। यह लक्ष्य केवल भारत में ही नहीं बल्कि संपूर्ण विश्व की शिक्षा प्रक्रिया में स्वीकृत हो गया। शिक्षा की प्रक्रिया को सीमित अर्थों में उत्पादक, उपभोक्ता और वितरक के संदर्भ में समझा गया। अंततः शिक्षा मनुष्य को संसाधन बनाने का माध्यम बन गई। कभी भी हमने इस सीमित दृष्टि के उन्मूलन पर विचार नहीं किया। हमने माना कि शिक्षा 'अर्थकरी' होती है लेकिन अर्थकरी शब्द का सीमित अर्थ लगाया। हमने आशय ग्रहण किया कि शिक्षा वह है जो पैसे उत्पन्न करने या कमाने की क्षमता पैदा करे। इस तरह से इसे रोजगार तक रूढ़ कर दिया। जबकि भारतीय परंपरा में अर्थकरी का तात्पर्य Meaning making अर्थात 'अभिप्राय निर्माण' से है। बिना 'अभिप्राय' बोध के जीवन का कोई अर्थ नहीं होता है। जीवन के अर्थ को समझे बिना मनुष्य को उत्पादक बनाने की शिक्षा प्रणाली इस देश में पिछले सात दशकों से चल रही है, जबकि शिक्षा की भूमिका मनुष्य जीवन के लक्ष्य को निर्धारित करने की है। हम इस लक्ष्य को भूल गए। हमने ब्रिटिश शिक्षा की नकल की। इस नकल के आधार पर तकनीकी शिक्षा का पहला संस्थान रुड़की में खोला गया। इसकी स्थापना ऐसे ओवरसियर और सुपरवाइजर के निर्माण के लिए हुई थी जो गंगा पर बैराज बना सकें। इस तरह के मानव संसाधन की पूर्ति ब्रिटेन से नहीं हो सकती थी। इस लक्ष्य की पूर्ति रुड़की जैसे संस्थानों की स्थापना के साथ हुई। इन संस्थानों में शिक्षण का उद्देश्य स्वतंत्रचेता या नवाचार करने की क्षमता

से युक्त मानव मस्तिष्क तैयार करना नहीं था। ये केवल कुशल श्रमिकों की आवश्यकताओं की पूर्ति के लिए बनाए गए संस्थान थे। ऐसे ही 1857 में भारत में जब आधुनिकता से युक्त विश्वविद्यालय खुले तब उन विश्वविद्यालयों में जो विषय पढ़ाए जाते थे, उनका भारतीय समाज और जीवन से कोई संबंध नहीं था। यहाँ ब्रिटिश कानून, भाषा, साहित्य और दर्शन पढ़ाया जाता था। इस तरह के प्रयोगों द्वारा अंग्रेजों ने शिक्षा को भारतीय जीवन से काट दिया। औपनिवेशिक काल में शिक्षा के विस्तार में उपयोगितावादी विचारक जेम्स मिल का महत्त्वपूर्ण योगदान था। मिल ने भारतीय भाषाओं के माध्यम से शिक्षण का समर्थन किया, जिन्हें वर्नाक्यूलर भाषा कहा गया। उनका मानना था कि भारतीय भाषाओं के सहयोग से अंग्रेजी राज को मजबूत किया जा सकता है।

इससे पूर्व की भारतीय शिक्षा का स्वरूप भिन्न था। वह लोकजीवन से जुड़ी हुई थी। इसके समर्थन में धर्मपाल का कार्य देख सकते हैं। धर्मपाल ने अपनी पुस्तक 'ए ब्यूटीफुल ट्री' में ब्रिटिश अधिकारियों द्वारा किए गए सर्वेक्षणों के आंकड़ों का संदर्भ लेते हुए बताया है कि पूर्व औपनिवेशिक काल में शिक्षा सभी के लिए उपलब्ध थी। धातुकर्म, शिल्प विज्ञान, औषधि आदि विषयों की शिक्षा दी जाती थी। अध्यापकों और विद्यार्थियों में घनिष्ठ संबंध था। धर्मपाल द्वारा प्रस्तुत व्याख्या 1835 के पूर्व की भारतीय शिक्षा की विशेषता को बताती है। इस व्यवस्था में स्वायत्तता और स्वावलंबन के भी लक्षण मिलते हैं।

यदि वैश्विक संदर्भ में शिक्षा के इतिहास पर ध्यान दें तो पता चलता है कि वही शिक्षा कल्याणकारी एवं सफल रही है जो राज्याश्रय से मुक्त रही है। भारत में शिक्षा को राज्याश्रित करने का इतिहास 1835 से शुरू होता है। 1781 में पहली बार कलकत्ता में अरेबिक कॉलेज खुला। यह ईस्ट इंडिया कंपनी द्वारा स्थापित पहला कॉलेज था। ठीक दस वर्ष बाद 1791 में बनारस में संस्कृत कॉलेज की स्थापना हुई। सत्ता शिक्षा के बारे में कैसे सोचती है, इन दो संस्थानों से स्पष्ट होता है। जब बंगाल पर अंग्रेजों का नियंत्रण हो गया तो उन्हें बताना था कि हिंदू राजा आम जनता के लिए चितिंत नहीं हैं; तब यहाँ अरबी का महाविद्यालय खुला। इसके विपरीत बनारस में अंग्रेजों ने बहुसंख्यक हिंदू जनता के तुष्टीकरण के लिए संस्कृत महाविद्यालय खोला। अंग्रेजों का उद्देश्य इन फैसलों द्वारा अपनी न्यायप्रियता और करुणा का स्वांग भारतीयों के मन में सत्य के रूप में स्थापित करना था। यह क्रम 1813 तक चला।

ब्रिटिश संसद में ईस्ट इंडिया कंपनी के चार्टर का पुनर्नवीनीकरण करते हुए एक लाख रुपये प्रतिवर्ष भारत में शिक्षा पर व्यय करने का सुझाव दिया गया। तब यह राशि लगभग दस-बारह हजार पौंड होती थी। इस सुझाव में उल्लिखित था कि उक्त राशि संस्कृत-अरबी भाषाओं को पढ़ाने वाले शिक्षकों के वेतन और छात्रवृत्ति के रूप में न दी जाए बल्कि इस रूप में उन अफसरों और पंडितों को दी जाए जो भारत में अंग्रेजी राज चलाने के लिए सामग्री तैयार करेंगे। इनकी मदद से भारत में अंग्रेजी राज के औचित्य को सिद्ध किया जा सकेगा और उन्हें प्रशासनिक कार्यों में सहयोग करने के लिए कर्मी भी मिलेंगे।

1821 से 1835 तक लगभग सभी प्रेसिडेंसियों में शिक्षा सरकारी अनुदान से नहीं चलती थी। कुछ तालुकों की शिक्षा व्यवस्था राज्याश्रय से मुक्त थी। बेल्लारी का उदाहरण देख सकते हैं। बेल्लारी तालुका के प्रत्येक गाँव में विद्यालय था। हर 10-12 गाँव पर एक उच्च शिक्षा का केंद्र था। उच्च शिक्षा के केंद्रों पर विद्यार्थी शिक्षक अनुपात 1:5, 1:12 तक था। उस समय यहाँ साक्षरता लगभग 70 प्रतिशत थी। इन शिक्षा केंद्रों में सभी वर्गों, जातियों, पंथों से विद्यार्थी आते थे। शिक्षकों में हर जाति का प्रतिनिधित्व था। यहाँ धातुकर्म, वस्त्रविज्ञान, व्याकरण, तर्क, धर्मशास्त्र, औषधि सब कुछ पढ़ाया जाता था। प्रत्येक केंद्र पर 20-25 ज्ञानानुशासन पढ़ाए जाते थे। यह 1821-1837 के बीच की स्थिति है।

अब उपनिषद् काल की शिक्षा पर विचार करते हैं। इस संदर्भ में छांदोग्योपनिषद् के एक प्रकरण का उल्लेख आवश्यक है। इसमें नारद से उनके शिक्षक पूछते हैं कि उन्होंने किन विषयों का अध्ययन किया है। इसके उत्तर में नारद 37 विषयों की सूची प्रस्तुत करते हैं। इसमें त्रयी से आरंभ करके 37 विषयों की सूची है जिसमें चिकित्सा, धातु, संगीत, नाट्य और गणित आदि का उल्लेख है। वेदों के अतिरिक्त ऐसे विषयों की भी चर्चा है जिन्हें हम व्यावसायिक और तकनीकी अध्ययन के विषय मानते हैं। आप देख सकते हैं कि उपनिषद् काल से लेकर 1835 तक भारत में शिक्षा की निरंतरता है। उपनिषद् काल से 1835 तक लगातार शिक्षा स्वायत्त रही है। भारत के स्वर्णकाल की चर्चा करें तो गुप्त काल में भी शिक्षा पर राज्य को व्यय नहीं करना था। राज्य के पास शिक्षा नीति बनाने का अधिकार नहीं था। यह परंपरा दक्षिण में कायम रही है। विद्यालयों की अग्रहार व्यवस्था इसका उदाहरण है।

यह बताती है कि भारत में शिक्षा की व्यवस्था स्वायत्त, स्वतंत्र और राज्य की व्यवस्था के समानांतर थी और उसमें हस्तक्षेप का अधिकार राज्य को नहीं था। गांधी जब स्वावलंबी शिक्षा की बात करते हैं तो वे भी इसी तरह की शिक्षा की बात करते हैं। इसीलिए गांधी को जो किताबें प्रिय थीं, उनमें से एक थी पंडित सुंदर लाल की पुस्तक—'भारत में अंग्रेजी राज'। इस पुस्तक में प्राचीन भारतीय शिक्षा व्यवस्था की उपर्युक्त विशेषताओं का उल्लेख है।

परस्पर निर्भरता और सहअस्तित्व भारतीय समाज की विशेषता है। यह शिक्षा में भी व्याप्त है। भारत की शिक्षा व्यवस्था सामाजिक दायित्व पर आधारित है। इसमें शिक्षक सत्ता का क्रीतदास नहीं है। उसकी जिम्मेदारी पीढ़ियों के निर्माण की है। 1835 के बाद शिक्षा के क्षेत्र में जो बदलाव हुए उससे शिक्षा एक प्रकार से 'राज' चलाने का साधन बन गई। वह व्यक्ति और समाज को दिशा देने वाली शिक्षा नहीं रह गई। आगे चलकर शिक्षा एक सेवा के रूप में बाजार की शक्ति के अधीन हो गई। शिक्षक सेवा देने वाले और विद्यार्थी सेवा लेने वाले बन गए। जिसे सेवाएँ लेनी हैं, उसको उस सेवा के लिए भुगतान करने का चलन शुरू हो गया। पहले भी विद्यार्थी शिक्षा के लिए भुगतान करता था, लेकिन भुगतान कौन करता था? जो भुगतान करने की क्षमता रखता था वह भुगतान करता था और जो भुगतान करने में सक्षम नहीं था, उसके लिए शिक्षा उपलब्ध कराना समाज की जिम्मेदारी थी। शिक्षा का यह स्वरूप समाप्त हो गया। शिक्षा भी खरीदी और बेची जाने वाली वस्तु बन गई है। हमें सोद्देश्यपूर्ण तरीके से विचार करना है कि शिक्षा बाजार की शक्तियों के अधीन न हो। शिक्षक सत्ता के क्रीतदास न बनें। उन्हें यह बोध हो कि उनका लक्ष्य पेशेवर जीवन में उच्चतर सीढ़ियाँ चढ़ना नहीं बल्कि भावी पीढ़ियों का निर्माण करना है। उन्हें अपने विद्यार्थियों की सृजनधर्मिता और उद्यमिता को पोषित करना है। विद्यार्थियों को प्रश्न पूछने और प्रयोग करने का साहस देना है। यदि भारत को विश्व गुरु बनाना है तो हमें अपनी शिक्षा व्यवस्था का कायाकल्प करते हुए उसे जीवन से जोड़ना होगा।

3

भारतीय लोक-चिंतक और शिक्षा

हम शिक्षा द्वारा एक ऐसी पीढ़ी बनाना चाहते हैं जो कल्पना के उच्चतम शिखर को छूने के साथ ही अपने पैरों को धरातल पर रखने में समर्थ हो, जो हृदय में कोमल भाव को सुरक्षित रखते हुए हाथों से फौलाद को मोड़ सकने में समर्थ हो। शिक्षा द्वारा इस तरह का मनुष्य बनाने की परिकल्पना विवेकानंद और मदन मोहन मालवीय ने की है। इसके बीज स्वामी विवेकानंद बोते हैं और इसका प्रकट रूप पंडित मदन मोहन मालवीय के कृतित्व में दिखता है। ये दोनों समकालीन थे। दोनों पश्चिमी शिक्षा प्रणाली में शिक्षित भी थे। दोनों उस रटंत प्रणाली के अध्येता रहे, जिस रटंत प्रणाली के कारण हिंदुस्तान का पतन हुआ और जिससे हिंदुस्तान की मेधा को सृजनात्मक कल्पना से वंचित होना पड़ा। फिर भी, अपनी मेधा और संस्कार के कारण इन दोनों ने भारतीय शिक्षा को मौलिक और सर्जनात्मक दिशा दी। ये दोनों अपने विचार और कार्यों में इस तथ्य को पुष्ट करते हैं कि शिक्षा मनुष्य को पूर्ण बनाने और मनुष्य के अंदर जो पूर्णत्व है उसको अभिव्यक्त करने का साधन है। इन दोनों की दृष्टि से शिक्षा का उद्देश्य पूर्णता की खोज, पूर्णता का अनुभव, पूर्णता की अभिव्यक्ति, पूर्णता का आकारीकरण है। ये दोनों औपनिवेशिक भारत की शिक्षा व्यवस्था की सीमाओं को पहचानते हैं और भारतीय ज्ञान-विज्ञान, शिल्प तकनीकी, साहित्य-संगीत, कला और नाट्य के उन सभी क्षेत्रों को समेकित रूप में प्रस्तुत करते हैं जो भारतीय समाज को बेहतर समाज के रूप में निर्मित करने के लिए आवश्यक हैं। इन दोनों के लिए शिक्षा केवल उदर भरने, उपकरण निर्मित करने और मनोरंजन करने के लिए नहीं है बल्कि यह मनुष्य के समग्र विकास का आधार है।

शिक्षा मनुष्य में बोध, युक्ति और भाव को पोषित करती है। यह इस त्रिक को तादात्म्य रूप में प्रस्तुत करने का मार्ग दिखाती है।

शिक्षा नीति-2020 भी इसी समग्रता के लक्ष्य को लेकर चलती है। उच्च शिक्षा के संदर्भ में समग्रता के लिए यह नीति बहुअनुशासनात्मकता का रास्ता सुझाती है। इसके महत्त्व को एक उदाहरण द्वारा समझते हैं। हमने मेडिकल शिक्षा के लिए पहले एकल संस्थानों की स्थापना की। तदनंतर विश्वविद्यालयों की स्थापना की। जब इससे काम नहीं चला तो डेंटल, जनरल मेडिसिन और सर्जरी के अलग-अलग संस्थान बनाने लगे। अब तो फार्मेसी के अलग विश्वविद्यालय बनने लगे हैं। इस प्रकार का प्रयोग ज्ञान के प्रति मनुष्य की विभाज्यवादी दृष्टि को दर्शाता है, जहाँ मनुष्य के बोध को, मनुष्य के ज्ञान को इतने भागों में विभाजित कर दिया जाता है कि एक भाग का दूसरे भाग के साथ संयोजन करना संभव नहीं रहा। इस तरह की पद्धति समग्र मनुष्य के बजाय एकांगी मनुष्य का निर्माण करती है। इस पद्धति द्वारा ज्ञान की निर्मिति की समस्याएँ क्या हैं? क्या इस दुनिया में एक मनुष्य का दूसरे मनुष्य के साथ कोई रिश्ता नहीं है? क्या हृदय का बुद्धि के साथ कोई रिश्ता नहीं है? क्या हमारे शरीर में भरी शिराओं और धमनियों में कोई रिश्ता नहीं है? क्या व्यक्ति परिवार से अलग है? क्या परिवार समाज से अलग है? इस ढंग से विचार करें तो आप इस निष्कर्ष पर पहुँचेंगे कि इनमें अंतःसंबंध और पारस्परिकता है। हम समग्रता की इस दृष्टि से वंचित शिक्षा प्रणाली के अंग रहे हैं। हम एक ऐसी शिक्षा प्रणाली में जी रहे थे, जिसमें भारत के इतिहास को भी टुकड़ों-टुकड़ों में बांट दिया था। अब यदि कोई आप से कहे कि सिंधु घाटी के बारे में कुछ बोलिए तो आप कह सकते हैं कि मैंने तो आधुनिक इतिहास पढ़ा है। क्या अब इतिहास निरंतरता का विकास नहीं है? क्या राजनीतिशास्त्र और अंतरराष्ट्रीय संबंध दो अलग-अलग विषय हैं? वस्तुतः हमने भारतीय परंपरा को सूत्रबद्ध करने और उसके सांदर्भिक निर्वचन की उपेक्षा की है। भारतीय ज्ञान परंपरा बताती है कि एक ज्ञान का, दूसरे ज्ञान के साथ संबंध है और अंततः समस्त ज्ञान उद्गम एक ही स्रोत से होता है। इसे ही हमने ज्ञान के वंशवृक्ष के रूप में सभी शास्त्रों में पढ़ाने की परंपरा बनाई थी। विवेकानंद इसी को सामने रखकर कहते हैं कि मनुष्य में अंतर्निहित सद्गुणों और उसकी पूर्णता की अभिव्यक्ति ही शिक्षा है। सद्गुणों का आपसी संबंध होता है, दुर्गुणों का नहीं होता है।

अब मान लीजिए कोई दुर्गुणी आदमी है और वह शराब बहुत पीता है तो वह चोर हो, यह आवश्यक नहीं है, लेकिन कोई एक सद्‌गुणी आदमी सत्य बोलता है तो वह निश्चित रूप से ईमानदार होगा। यह हो ही नहीं सकता, कोई सच बोलता हो और बेईमानी करता हो। मनुष्य के सद्‌गुणों का आपस में रिश्ता है। स्नेह का, दया का, शांति का, पवित्रता का, ज्ञान का, बोध का, करुणा का, इन सब का आपस में रिश्ता है। जब सद्‌गुणों का रिश्ता है तो मनुष्य को सद्‌गुणी बनाने की ही शिक्षा तो होनी चाहिए। विवेकानंद इसी प्रकार की शिक्षा की बात करते हैं जिसमें खेल और अक्षर ज्ञान का विभाजन नहीं होगा। फुटबॉल खेलना पाठ्यसहगामी गतिविधि नहीं होगी। यह शिक्षा का उतना ही महत्त्वपूर्ण अंग होगा जितना कि गीता का अध्ययन करना।

हमने अपने लोकचिंतकों को उपेक्षित कर दिया और शिक्षा को उस रास्ते पर ढकेला जो मैकाले ने दिखाया था—तन से भारतीय और मन से ईसाई अंग्रेज। 'अंग्रेजी सोच' का अर्थ था ब्रिटिश सरकार के लिए ऐसे निष्ठावान अनुयायी और अनुगामी तैयार करना जो ब्रितानी राज को मजबूत बनाने के लिए यत्न कर सके। जो यह गीत गा सके "कोउ होय नृप हमें का हानी"। जिसके मन में कल्पना ही ना आये कि वह भी कभी श्रेष्ठतम स्थान प्राप्त कर सकता है। "चेरी छांड़ि कि होइब रानी" जो हमेशा गुलामी को स्वीकार करने के लिए दासता को स्वीकार करने के लिए तैयार रहें। हम अपनी अस्मिता को ऐसा भूले कि अपने मूल-तत्त्व का बोध न रहा। अपने कर्मकांड में हम जहाँ एक श्लोक कहते थे—अमृतस्य पुत्राह वयं। हम अमरत्व के पुत्र हैं, हम देवपुत्र हैं, हम दिव्यता के संधानक हैं, वहीं हमने 'पापोऽहं पाप कर्मायं पापात्मा पापसंभवः' इत्यादि श्लोकों को रटाना प्रारंभ कर दिया। हमारा जीवन लक्ष्य बदला, हमारी दृष्टि बदली, हमारा स्वाभिमान बदला, हमारा 'आत्म' बदला। इसका प्रत्याख्यान करते हुए 1893 में विवेकानंद ने भारत के गौरव, भारत के दृष्टिकोण को विश्व धर्म महासभा में स्थापित किया था। उन्होंने कहा था कि मैं उस देश से आया हूँ जहाँ समता के, बहुत्व की स्वीकृत के, नानात्व की स्वीकृत के, बहुविध भाषा और बहुविध वेशभूषा की स्वीकृत के होते हुए भी रुचियों के वैचित्र्य को स्वीकार करते हुए, एक ही लक्ष्य तक मनुष्य को जाना है, वह है परम बोध का लक्ष्य, परमज्ञान का लक्ष्य, निरतिशय और आनंद का लक्ष्य, और इस लक्ष्य की प्राप्ति के लिए यत्न करना भारत की मूल परंपरा है।

यह उपासना की नहीं ज्ञान की परंपरा है, यह संस्कृति की परंपरा है। यह परंपरा जब शिक्षा प्रणाली में प्रतिष्ठित होती है तब हम समर्थ व्यक्तित्व का निर्माण कर सकते हैं। समर्थता की यह स्थिति "उभयोपि समर्थोहं" की है। दोनों ही दृष्टियों से हम दीन नहीं, हम हीन नहीं, हम किसी की कृपा के अधीन नहीं, हम किसी के शासन के अधीन नहीं हैं। कोई हमारा प्रभु नहीं है, सिवाय उसके, जिसका बोध हो जाने के बाद कुछ जानना शेष नहीं रहता है। हमने इस लक्ष्य के साथ जो शिक्षा निर्मित की थी और वह शिक्षा पंथ निरपेक्ष थी। यहाँ एक संन्यासी कह सकता था कि व्यर्थ के देवी-देवताओं की उपासना छोड़कर भारत माँ की उपासना करनी चाहिए। भारत माँ एक मात्र जाग्रत राष्ट्र थीं, प्रत्यक्षीकृत आराध्या थीं। इस तरह से यह स्यूडो सेक्युलराइजेशन के स्थान पर रियल सेक्युलराइजेशन है। भारत माता को सामने रखकर लौकिकीकरण हमें आराधना के लिए 'माँ' या देवी का आधार देता है। यही भारत माता वस्तुतः अंतिम रूप से माँ हैं, यही देवी हैं, यही हमारे लिए उपास्य हैं। इसके सुख के लिए जो शिक्षा है, वही शिक्षा है।

1904 में इसी का उद्घोष करते हुए मदन मोहन मालवीय ने कहा कि–

ग्रामे ग्रामे सभा कार्या ग्रामे ग्रामे कथा शुभाः।
पाठशाला मल्लशाला, प्रतिपर्व महोत्सवः ॥

भारत में जागरण का मतलब क्या है? भारत के जागरण का मतलब हर गाँव कथा युक्त हो, कथा का मतलब कोई किस्सा या कहानी नहीं है। कथा का मतलब है धर्म-चर्चा, कथा का मतलब युक्ति-चर्चा, कथा का मतलब तर्क-चर्चा। ''ग्रामे ग्रामे सभा कार्या ग्रामे ग्रामे कथा शुभाः।'' यह सभा-कार्य क्या है? यह वही है जो संसद पर भी लिखा हुआ है–

सभां वा न प्रवेष्टव्यं वक्तव्यं वा समञ्जसम्।
अब्रुवन्विब्रुवन्वापि नरो भवति किल्बिषी ॥

सभा में मत जाओ, जाओ तो युक्ति बोलो, सामंजस्य बोलो, असत्य, मिथ्या और लोगों को गलत रास्ते पर डालने वाला मत बोलो। सभा में गया हुआ व्यक्ति तीन तरह का पापी होता है–पहला पापी वह है जो अयोग्य होने पर भी जाता है इसलिए योग्यता है तो ही जाओ नहीं तो मत जाओ।

दूसरा पापी वह है जो जाकर चुप बैठा रहता है, सत्य नहीं बोलता है। भारत के बुद्धिजीवियों की परंपरा वैसी ही है, जिन्होंने विविध सभा में चुप्पी स्वीकार कर ली। तीसरा पापी वह है जो गलत बोलता है। ये सब किल्बिषी हैं, पापी हैं। इस तरह की स्थिति पैदा न हो इसलिए हमें नैतिक और चारित्रिक विकास पर बल देने वाली शिक्षा प्रणाली की आवश्यकता है।

मालवीय जी ने बनारस हिंदू विश्वविद्यालय की स्थापना इसी आवश्यकता की पूर्ति के लिए की थी। उन्होंने इस विश्वविद्यालय में आधुनिक ज्ञान और विज्ञान की शिक्षा इस प्रकार से देने का प्रस्ताव दिया था जिसमें भारत के प्राचीन शास्त्रों में सन्निहित उपयोगी और कल्याणकारी ज्ञान राशि का समावेश हो। इससे विद्यार्थी परिचित हो सकें और उसका सातत्य करते हुए नवोन्मेष द्वारा नई संभावनाओं को खोज सकें। यह विश्वविद्यालय अपने स्थापना काल में 73 विभागों के साथ प्रारंभ होता है। अपने कालखंड में यह क्षेत्रफल, अध्यापक और विद्यार्थियों की संख्या की दृष्टि से दुनिया का एक विराट विश्वविद्यालय था। यह सब मालवीय जी की समग्र दृष्टि का परिणाम था जिसका आरंभ विवेकानंद ने किया था। इस संस्थान में समग्र विकास के घटकों को समन्वित करते हुए भारत बोध से अभिप्रेरित स्नातकों को तैयार किया गया।

विवेकानंद और मालवीय की वैचारिकी से स्पष्ट है कि गुणवत्तापूर्ण शिक्षा की भूमिका व्यक्ति में निहित क्षमता का विकास और न्यायपूर्ण समाज की स्थापना करना है। ये दोनों राष्ट्रीय विकास के मूलभूत घटक हैं। इस तरह की शिक्षा व्यवस्था के लिए जिस नीति की अपेक्षा थी वे गुण शिक्षा नीति-2020 में हैं। विवेकानंद की ज्ञान दृष्टि और मालवीय जी की कर्म दृष्टि, विवेकानंद के वेदांत तत्त्व और मालवीय जी के धर्म तत्त्व पर अधिष्ठित यह नीति व्यक्ति, समाज, राष्ट्र और विश्व निर्माण की क्षमता से युक्त व्यक्तियों को तैयार करने का लक्ष्य रखती है।

4

राष्ट्रीय शिक्षा नीति-2020 : शिक्षा के रमणीक वृक्ष हेतु बीजारोपण

वर्ष 2019 में राष्ट्रीय शिक्षा नीति से जुड़ा एक प्रस्ताव आया था। इस प्रस्ताव पर लगभग दो लाख से अधिक सुझाव प्राप्त हुए। इन सुझावों में विद्यालयों तथा महाविद्यालयों से लेकर आम आदमी तक के सुझाव थे। इन सुझावों को सम्मिलित करते हुए एवं व्यापक विचार विमर्श करने के उपरांत राष्ट्रीय शिक्षा नीति-2020 आई है। अभी तक किसी ने यह बात नहीं कही कि इस शिक्षा नीति में कोई कमी है। इन बातों से स्पष्ट होता है कि यह एक अच्छी शिक्षा नीति है। मुझे इस अवसर पर संविधान सभा में संविधान की स्वीकृति के समय दिया गया डॉ. अंबेडकर का वक्तव्य याद आ रहा है। बाबा साहेब का कहना था कि अगर देश की व्यवस्था को चलाने वालों की नीयत ठीक हो, निष्ठा उचित हो तो खराब से खराब संविधान के द्वारा भी अच्छी व्यवस्था चलाई जा सकती है। यदि नीयत ठीक न हो और निष्ठा न हो तो अच्छे से अच्छे संविधान के द्वारा भी इस देश के लोगों को अच्छी व्यवस्था नहीं दी जा सकती है। वस्तुतः संविधान की स्वीकृति के बाद इन व्यवस्थाओं को चलाने वाले व्यक्तियों की नीयत, निष्ठा व क्षमता से ही भारत में संविधान के द्वारा श्रेष्ठ व्यवस्था के निर्मित होने की संभावना बनी है। इन संभावनाओं में शिक्षा एक बड़ा क्षेत्र है। हमने अच्छी शिक्षा के लिए सुदृढ़ नीति तो बना ली है; अब प्रश्न इसके क्रियान्वयन का है। इस नीति पर चर्चा करने से पहले हमें यह समझने की आवश्यकता है कि शिक्षा नीति-2020 किस तरह के मनुष्य के निर्माण की बात करती है? यह औपनिवेशिक मानसिकता का प्रतिकार करती है और भारतीय

चेतना का पोषण करती है। 1835 में जब मैकाले ने आधुनिक भारतीय शिक्षा की नींव रखी थी तो उसके मन-मस्तिष्क में मनुष्यता का लक्ष्य नहीं था। वह राजभक्त मनुष्य बनाना चाहता था। वह ऐसा मनुष्य नहीं बनाना चाहता था जो निष्ठावान और ईमानदार हो, जैसी निष्ठा और ईमानदारी भारतीय समाज में ब्रिटिश राज के पूर्व व्याप्त थी। मैकाले ऐसा व्यक्ति तैयार करना चाहता था जो राज भक्त होने के साथ-साथ मूल्यों से समझौता करने वाला मूल्यहीन व्यक्ति हो। अंततः हम एक मूल्य विहीन शिक्षा प्रणाली के अंग बनते गए। हमने न केवल भारतीयता को अस्वीकृत कर दिया बल्कि उसे हेय भी मानने लगे। अपनी सांस्कृतिक और वैज्ञानिक विरासत के प्रति आँखें बंद कर लीं तथा स्वयं को हीन और कमजोर समझाने वाली शिक्षा प्रणाली को विकसित किया। जब हम बंकिम चंद्र चटर्जी, स्वामी विवेकानंद, मालवीय जी, महात्मा गांधी, गोपबंधु दास, संपूर्णानंद, आचार्य नरेंद्रदेव, पं. दीनदयाल उपाध्याय, गुरु गोलवलकर, आशुतोष मुखर्जी, श्यामा प्रसाद मुखर्जी, राधाकृष्णन व दौलत सिंह कोठारी आदि श्रेष्ठ चिंतकों की शृंखला पर विचार करते हैं तो प्रकट होता है कि इन आचार्यों ने भारतीयता के बोध के साथ शिक्षा के लिए एक दृष्टि दी। इन सभी की दृष्टियों को अंगीकार करते हुए यह नीति 21वीं सदी के भारत को सशक्त बनाना चाहती है। मेरे अनुसार यह श्रेष्ठतम नीति है जो सूत्रबद्ध तरीके से शिक्षा से जुड़ी समस्याओं का समाधान प्रस्तुत करती है। यह नीति भारत के इतिहास-बोध, वर्तमान चुनौतियों और सुंदर भविष्य की परिकल्पना को लेकर चलती है। यह नीति स्पष्ट रूप से इस तथ्य को रेखांकित करती है कि हमारी शिक्षा व्यवस्था की जड़ अपनी ऐतिहासिक और सांस्कृतिक परंपराओं में होनी चाहिए और हमारे पाँव मजबूती से वर्तमान के धरातल पर टिके होने चाहिए। इसके आधार पर ही भविष्य का निर्माण किया जा सकता है। इस शिक्षा नीति की यह भी विशेषता है कि इसके क्रियान्वयन का स्पष्ट रास्ता परिकल्पित है, निर्धारित लक्ष्यों को चरणबद्ध तरीके से कैसे प्राप्त किया जाए, इसके सूत्र हैं। यह अलग बात है कि कोई नीति-वक्तव्य अंततः क्रियान्वयन के समय आने वाली चुनौतियों और समस्याओं को आज ही प्रस्तुत नहीं कर सकता है। उनकी संभावनाओं को देखते हुए उनके समाधान का रास्ता जरूर दिखा सकता है। इसलिए आज की हमारी स्थिति का मूल्यांकन करते हुए जिस प्रकार नए उपकरणों, नई सुविधाओं, नए संसाधनों, नए संस्थानों तथा जितने धन की आवश्यकता है, उन सभी बातों का उल्लेख इस शिक्षा नीति में

बड़ी ही गंभीरता के साथ किया गया है। यह नीति तो है ही, साथ ही इस नीति को लाने वालों की नीयत भी स्पष्ट है। नीति को क्रियान्वित करने वाले लोगों की अपनी निष्ठा भी प्रकट है।

इस नीति के आधार पर हमारी शिक्षा संस्थाओं में भी बदलाव होंगे। शिक्षा नीति का क्रियान्वयन तभी हो पाएगा, जब शिक्षक इसे क्रियान्वित करने के लिए आगे आएँगे। हमारे शिक्षकों को जिम्मेदार बनना पड़ेगा, केवल जागरूक होने से काम नहीं चलेगा। शिक्षक तभी जिम्मेदार बनता है, जब संपूर्ण व्यवस्था द्वारा शिक्षक को स्वायत्तता मिलती है। इस स्वायत्तता के प्रति वह स्वानुशासित और जवाबदेह होता है। वह अपने विषय, विद्यार्थियों एवं अन्य सहायक भूमिकाओं में अपना सर्वोत्तम देना चाहता है। शिक्षकों को इसके लिए अवसर मिले, इसके प्रति यह नीति यथेष्ट सचेत है। इस शिक्षा नीति में नियामक संस्थाओं को बनाना, शासित करने वाली संस्थाओं का विलोपन, पाठ्यचर्या, विषयवस्तु व शिक्षणशास्त्र इन सभी विषयों को अनुदान व्यवस्था से अलग करने की दिशा में महत्त्वपूर्ण संस्तुतियां हैं। शिक्षा की गुणवत्ता को सुनिश्चित करने के लिए शैक्षणिक संस्थाओं को अधिकतम आजादी देने का पूरा प्रयास किया गया है। इसके साथ ही यह सुझाव भी है कि प्रत्येक शैक्षणिक संस्था श्रेष्ठतम शैक्षणिक संस्था के रूप में विकसित हो सके, इसके लिए उनमें पारस्परिकता, सहयोग, संसाधनों का आपसी आदान-प्रदान और उनका उपयोग इस तरह होना चाहिए जिसके द्वारा विद्यार्थियों का हित हो सके। शिक्षा नीति के क्रियान्वयन की समय रेखा भी व्यवस्थित है। पूर्व प्राथमिक शिक्षा से लेकर उच्च शिक्षा तक के लिए अपेक्षित लक्ष्य तय किए गए हैं। जल्दबाजी में कोई व्यतिक्रम उत्पन्न न हो, इस तथ्य का नीति ध्यान रखती है। इस तरह से शिक्षा नीति का उद्देश्य ढाँचे को तोड़ना नहीं अपितु इसे उगाना है। इस शिक्षा नीति के द्वारा भारतीय शिक्षा का एक पौधा तैयार करना है और उस पौधे से एक वृक्ष बनाना है। हमें अपने-अपने स्तर से इस वृक्ष को चहुँमुखी विस्तार देना होगा जिस पर मानव शिशु श्रेष्ठतम रूप से कलरव करते हुए अपना विकास कर सके। गांधीजी ने इसीलिए शिक्षा को एक सुंदर वृक्ष की उपाधि दी थी और कहा था कि ब्रिटिश शासकों ने इस सुंदर वृक्ष को नष्ट कर दिया है, ठूँठ बना दिया है। इस वृक्ष के विकास का जो तरीका हो सकता है, वह तरीका इस शिक्षा नीति में दिखाई दे रहा है।

5

शिक्षा का साध्य 'मनुष्य'

स्वतंत्र भारत में शिक्षा के तंत्र और प्रक्रिया को राष्ट्रीय अपेक्षाओं के अनुकूल तैयार करने की चुनौती थी। इस दिशा में राष्ट्रीय स्तर पर प्रयत्न भी आरंभ हुए। राधाकृष्णन आयोग, मुदालियर आयोग और कोठारी आयोग जैसे तीन बड़े आयोग बने। इन आयोगों की सिफारिशों ने स्वतंत्र भारत में शिक्षा की नींव रखी। वर्ष 1975 में हुए संविधान संशोधन के आलोक में 1986 की शिक्षा नीति भी आई। यह नीति संविधान संशोधन के अनुरूप भारत के भविष्य और यथार्थ को बदलने का एक यत्न थी। इस नई संवैधानिक व्यवस्था के चलते शिक्षा जगत के सामने मुख्य प्रश्न था कि शिक्षा के क्षेत्र में किस प्रकार से न्याय और समानता आ सके? किस प्रकार से तकनीकी को शिक्षा के माध्यम के रूप में प्रस्तुत किया जाए? किस प्रकार से शिक्षा सर्वजनसुलभ हो। इन सवालों पर विचार करते हुए हमने मनुष्य को मनुष्य के रूप में न मानकर संसाधन के रूप में परिकल्पित किया। वास्तविकता यह है कि दुनिया की कोई भी व्यवस्था हो—परिवार, समाज, राष्ट्र अथवा वैश्विक, मनुष्य उसका केंद्र है। मनुष्य इस व्यवस्था का साध्य है। जब मनुष्य को संसाधन मानकर कोई शिक्षा व्यवस्था निर्मित होती है तो वस्तुतः वह इंसान के रूप में मशीन बनाती है। ऐसा संज्ञानात्मक रोबोट तैयार करती है, जिसमें कृत्रिम बुद्धि होती है। इस प्रश्न को संबोधित करते हुए राष्ट्रीय शिक्षा नीति-2020 'मानव संसाधन मॉडल' को खारिज करती है। इस नीति में भारतीय जन, भारतीय समाज तथा भारत राष्ट्र को केंद्र में रखते हुए संपूर्ण विश्व के कल्याण हेतु मनुष्य निर्माण की प्रक्रिया के संदर्भ में दिशा निर्देश प्रस्तुत हैं।

वर्ष 1964 के कोठारी आयोग की संस्तुतियाँ सभी को स्वीकार्य थीं। इसी तरह गांधी के द्वारा स्थापित 'कालेलकर कमेटी' या गोविंद बल्लभ पंत के निर्देश पर बनी 'नरेंद्र देव कमेटी' के सुझाव भी सराहनीय थे। इन सभी अच्छे सुझावों के बाद भी हम शिक्षा की दृष्टि से बहुत आगे नहीं आ सके। हम यथास्थितिवाद की एक ऐसी व्यवस्था में जी रहे थे, जिसमें जो चल रहा है, वह चलने दो, की सहमति थी। बार-बार 'हम भविष्य का भारत बनाएँगे', इस नारे का उद्घोष करते हैं, लेकिन दुर्भाग्य है कि 'जो चल रहा है उसे चलने दो' की अभिवृत्ति के साथ ही आगे बढ़ते रहे हैं। भारत में सर्वत्र यही हुआ। कार्यपालिका, पुलिस, उद्योगों व भारतीय अर्थनीतियों आदि को हम उदाहरणस्वरूप देख सकते हैं। हमने क्रियान्वयन के दौरान इन व्यवस्थाओं के निहितार्थों और दूरगामी परिणामों का विचार नहीं किया। हमने लक्ष्य, तंत्र और प्रक्रिया का समेकित मूल्यांकन नहीं किया। यही कारण है कि हमारी व्यवस्थाएँ कहने को भारतीय थीं लेकिन उनके लक्ष्य भारतीयता से भटके हुए थे। इसका सबसे बड़ा उदाहरण हमारी शिक्षा व्यवस्था है जो यह परिकल्पना करने में असफल रही कि भारत की आर्ष प्रतिभा जिस प्रकार एक साथ विविध विषयों की चर्चा करती है, वैसा मनुष्य निर्मित भी हो सकता है। शिक्षा व्यवस्था को इतना प्रतिबंधित किया गया कि शिक्षा की पूरी दृष्टि खंडित हो गई। इस व्यवस्था में सुधार के लिए वर्तमान शिक्षा नीति क्रियान्वयन के पक्ष पर समग्रता से विचार करती है। इसमें स्वीकृति है कि व्यक्ति के विचार और उसकी मेधा का विकास जीवन-पर्यंत चलता है। अतः हमारी शिक्षा व्यवस्था ऐसी होनी चाहिए जिसमें व्यक्ति की मेधा का समुचित विकास हो सके। शिक्षा नीति की यह दृष्टि भारतीय परंपरा के लिए आश्चर्यजनक नहीं है। उदाहरणस्वरूप छांदोग्योपनिषद् में सनतसनंदन सनत् कुमार व नारद के बीच एक संवाद है, जिसमें महर्षि नारद अपने मन की व्यथा को प्रस्तुत करते हुए कहते हैं कि भगवान मैं शब्दविद् तो हूँ लेकिन अर्थविद् नहीं हूँ। इसलिए मैं अशांत हूँ और मुझे वह ज्ञान दीजिए जिससे मुझे शांति मिले। इस पर सनत् कुमार ने नारद से कहा कि यह बताओ कि तुमने क्या पढ़ा? नारद उन विषयों की चर्चा करते हैं, जिसमें वेदपुराण, उपनिषद्, चिकित्साशास्त्र, धातुशास्त्र, तर्कशास्त्र, वनस्पतिविज्ञान आदि शामिल थे। अर्थात् उन्हें विभिन्न ज्ञानानुशासनों की जानकारी तो है लेकिन जीवन के लिए उसकी महत्ता एवं प्रासंगिकता को वे

आत्मसात नहीं कर पाए हैं। मूल्य के स्तर पर ये ज्ञान उनका पथ प्रदर्शन नहीं कर पा रहे हैं। यही स्थिति हमारी शिक्षा व्यवस्था की है जहाँ ज्ञानानुशासनों और विषयों की जानकारी तो है किंतु उसमें नवीन ज्ञान का सृजन और जीवन से संबद्धता का अभाव है। पहली बार शिक्षा नीति ने इन तथ्यों को स्वीकार किया है। इसके साथ ही, यह नीति सबके लिए शिक्षा के लक्ष्य को भी स्वीकार करती है। इस नीति में स्पष्ट उल्लेख है कि दो कारणों से शिक्षा में सभी का समावेशन नहीं हो पाता है—सामाजिक-आर्थिक कारण तथा शिक्षण संस्थानों व स्कूलों से विद्यार्थियों की भौगोलिक दूरी। इन दोनों कारणों से विद्यार्थियों की पहुँच विद्यालयों व शिक्षण संस्थानों तक नहीं हो पाती है। यह शिक्षा नीति इन बाधाओं को दूर करने का लक्ष्य रखती है। यह नीति शिक्षा में व्याप्त उन सभी बाधाओं के उन्मूलन हेतु प्रतिबद्ध है जो वंचन एवं पिछड़ेपन का कारण बनती हैं। यह नीति दूर-दराज के क्षेत्रों में विद्यालयों की स्थापना, शिक्षकों की नियुक्ति, अध्ययन सामग्री की उपलब्धता सुनिश्चित करने के लिए संबंधित एजेंसियों को दायित्व सौंपती है।

भविष्य एवं रोजमर्रा की जरूरतों को पूरा करने के लिए हमें कल्पनाशील, सृजनधर्मी, विज्ञानधर्मी एवं तकनीकीधर्मी मनुष्य की जरूरत है। वर्तमान नीति का मानना है कि इस आवश्यकता को पूर्ण किए बिना भविष्य का भारत नहीं बन सकता है। वर्तमान शिक्षा नीति का क्रियान्वयन शिक्षकों की निष्ठा व बदलाव करने की क्षमता पर निर्भर है। विश्वविद्यालयों व शिक्षण संस्थानों को इस शिक्षा नीति के क्रियान्वयन के लिए अग्रसर होना होगा। इस दशा में हम इस नीति को देश की नियति में बदल सकते हैं। अन्यथा नीतियों, सुभाषितों व करणीय कथनों से भारतीय वाङ्मय भरा पड़ा है इसमें सौ पृष्ठ और जुड़ जाने से कुछ नहीं होगा। इन सौ पृष्ठों को चरितार्थ करने की निष्ठा, इसको क्रियान्वित करने की नियति स्पष्ट, दृढ़ व ईमानदार होगी तो ही इसका क्रियान्वयन संभव है। इसकी संपूर्ण जिम्मेदारी शिक्षकों पर है। उनका समर्पण, निष्ठा, कर्त्तव्यबोध और जागरूकता शिक्षा के साध्य को सार्थक करेगा।

6
संस्कृति-बोध

कोठारी आयोग की रिपोर्ट (1964-66) और शिक्षा नीति (1968) स्वतंत्र भारत में शिक्षा के सुधार की दिशा में महत्त्वपूर्ण पहल थी। भारत की पहली शिक्षा नीति अमूर्त थी। इसमें स्वतंत्र राष्ट्र की अपेक्षाओं को साकार करने, शिक्षा को मूल्यपरक बनाने और भारतीय संस्कृति से जोड़ने पर बल था लेकिन क्रियान्वयन की कोई योजना नहीं थी। इसके परिणामस्वरूप औपचारिक शिक्षा की संरचनाओं में बदलाव हुए लेकिन क्रियान्वयन योजना के अभाव में अन्य परिकल्पित लक्ष्यों के संदर्भ में कोई महत्त्वपूर्ण प्रगति नहीं हुई। मैं नीति की मंशा पर प्रश्न नहीं खड़ा कर रहा हूँ। निःसंदेह मंशा अच्छी थी किंतु उसे कार्यरूप देने में समस्याएँ आईं।

वर्ष 1986 की शिक्षा नीति 'यूरोसेंट्रिक' थी। इसमें भारतीय जीवन और भारतीय समाज का कोई आकलन किए बिना, यूरोप से आ रही हवा का अनुकरण करने की कोशिश की गई थी। आधुनिकता की हवा जब भारत में आ रही थी, तो गांधी ने कहा था कि पश्चिम से एक पागलपन की हवा आ रही है। हिंद स्वराज की एक पंक्ति है—'पागलपन की हवा में हिंदुस्तान के लोग भी बौरा गए हैं, पागल हो गए हैं। उन्हें बचाना है तो अपने धर्म पर ही खड़ा होना पड़ेगा।' शायद वर्ष 1986 की नीति में शिक्षा और सभ्यता के प्रति इसी अर्थ की स्वीकृति थी। यहाँ धर्म का तात्पर्य उपासना पंथ नहीं है। इसका आशय भारतीय संस्कृति से है।

जब हम लोगों ने भारत के संविधान को स्वीकार किया था तो भारतीय सांस्कृतिक परंपरा के मूल्यों को भी स्वीकार किया था। भारत सरकार का लक्ष्य हो, शिक्षा का लक्ष्य हो, भारतीय सेना का लक्ष्य हो, या आकाशवाणी का

लक्ष्य हो—सबके ध्येय वाक्य भारत की सांस्कृतिक परंपरा से आते हैं। संसद के अंदर भी, संसद का ध्येय वाक्य, उसकी गुंबद पर लिखा हुआ श्लोक भी भारतीय सांस्कृतिक परंपरा से ही है। दुर्भाग्य यह है कि इस सांस्कृतिक चेतना को हम शिक्षा का आधार नहीं बना सके। परिणामस्वरूप शिक्षा मनुष्य निर्माण के बजाय नागरिक निर्माण की भूमिका में आ गई। शिक्षा का उद्देश्य मात्र नागरिक निर्माण नहीं होता है। इसका उद्देश्य है प्रत्येक व्यक्ति के आभ्यांतर का अभ्युदय। इस उदय को ही गांधी, विवेकानंद और विनोबा आदि ने शिक्षा के लक्ष्य के रूप में प्रतिपादित किया है। इस अर्थ को दरकिनार करते हुए वर्ष 1990 के दशक के बाद आए बदलावों के प्रभाव में हर गाँव में 'सरस्वती कॉन्वेंट' खुलने लगे। ये विद्यालय समाज की जरूरत बन गए। सरकार अपने विद्यालयों को संसाधन उपलब्ध नहीं करा पा रही है। प्राइवेट सेक्टर के विद्यालय इन संसाधनों में समृद्ध हैं। इन सीमाओं को ध्यान में रखते हुए यह शिक्षा नीति प्राथमिक शिक्षा को संसाधन युक्त कैसे बनाया जाए?, इसका रास्ता बताती है। इसके लिए विद्यालय संकुल का सुझाव देती है। एक क्षेत्र में अगर तीन स्कूल हैं, एक के पास फील्ड है और एक के पास स्विमिंग पूल है, तो फील्ड वाला स्विमिंग पूल का उपयोग करे और स्विमिंग पूल वाला फील्ड का उपयोग करे। एक के पास डिजिटल लाइब्रेरी बहुत अच्छी है और एक के पास प्रिंट लाइब्रेरी बहुत अच्छी है, तो दोनों मिल-जुल कर इन संसाधनों का महत्तम उपयोग करें। इस तरह से सहकार और सहअस्तित्व के माध्यम से श्रेष्ठता को प्राप्त करने का सुझाव है।

यह पहली शिक्षा नीति है, जो भारतीय भाषा, संस्कृति और कला को लेकर एक पूरा अध्याय देती है। उच्च शिक्षा में भाषा, साहित्य, संगीत, दर्शन, भारतीय विद्याओं, कला और नाट्य को समाविष्ट करती है। यह नीति उच्च शिक्षा के स्तर पर भी, चाहे वह किसी भी ज्ञानानुशासन का विद्यार्थी हो, उसे भाषा, कला और संस्कृति को सीखने का अवसर देती है। उसे अपनी जिज्ञासानुरूप विषय चुनने की स्वतंत्रता देती है। उच्च शिक्षा में मनुष्य की रुचि और उसकी सांस्कृतिक परंपरा को जोड़ती है। यदि भाषा सांस्कृतिक परंपरा के साथ जुड़कर आती है, तो इससे व्यक्ति के साथ भाषा का भी विकास होगा। उदाहरण के लिए हिंदी के विकास में स्वतंत्रता आंदोलन की सांस्कृतिक चेतना का योगदान महत्त्वपूर्ण है। सृजन और शिक्षण की दृष्टि से हिंदी का जितना

विकास स्वतंत्रता पूर्व के कालखंड में हुआ है, उतना विकास स्वतंत्रता के बाद नहीं हो सका है। महात्मा गांधी ने भारतीय भाषाओं के माध्यम से और विशेषतः हिंदी के माध्यम से उच्च शिक्षा के लिए देश भर में पाँच विद्यापीठों की स्थापना कराई। मालवीय जी ने वर्ष 1904 में जब बनारस हिंदू विश्वविद्यालय की स्थापना का पहला प्रस्ताव दिया तो उसमें यह शर्त रखी गई कि हम हिंदी के माध्यम से पढ़ाएँगे और आने वाले दिनों में हिंदी ज्ञान-विज्ञान की भाषा के रूप में स्थापित होगी। वर्ष 1938 में जब मदन मोहन मालवीय इलाहाबाद विश्वविद्यालय में हिंदी में दीक्षांत भाषण करते हैं तो उनके ऊपर टिप्पणियाँ हुईं। उस समय मालवीय जी मानते हैं कि वे जो बातें हिंदी में कह रहे हैं, उनके लिए उसे अंग्रेजी में कहना सरल कार्य था क्योंकि उनके मस्तिष्क को अंग्रेजी में विचार करने के लिए प्रशिक्षित कर दिया गया है। वहीं वर्ष 1939 में परिस्थितियाँ बदलती हैं और गांधी जी काशी हिंदू विश्वविद्यालय में दीक्षांत भाषण हिंदी में करते हैं। शिक्षा नीति-2020 विश्वविद्यालय स्तर पर अनुसंधान का माध्यम भारतीय भाषाओं को बनाना चाहती है। इससे हमारे शोधार्थी शोध कार्य में अपनी सृजनात्मक कल्पना द्वारा मौलिकता को समाविष्ट कर सकेंगे। हमारे यहाँ ऐसा माना जाता है कि शोध करना है तो अंग्रेजी जाननी पड़ेगी। जर्मनी के विश्वविद्यालय में बिना जर्मन के शोध कर सकना संभव है क्या? चीन में बिना मंडेरियन के शोध संभव है क्या? फ्रांस में बिना फ्रेंच के संभव है क्या? आप चाहे जितनी भाषाएँ पढ़ कर के गए हों, आपको उस देश की भाषा को उन देशों में सीखना ही होगा। उच्च शिक्षा प्राप्त करने वाला अध्यापक भारतीय भाषाओं का विरोधी हो जाता है। उसे लगता है, मुझे नई मेहनत करनी पड़ेगी, नए सिरे से कार्य करना पड़ेगा, शब्द गढ़ने होंगे, अभिव्यक्तियाँ बदलनी पड़ेंगी, उदाहरण बदलने पड़ेंगे और वर्षानुवर्ष हमने जो नोट्स तैयार किए हैं उनका उपयोग समाप्त हो जाएगा। नई नीति हमसे विचार और पद्धति में नवीनता की अपेक्षा करती है। यह वर्तमान कालखंड की चुनौतियों का सामना करने वाला सांस्कृतिक मनुष्य निर्माण, पूर्ण मनुष्य निर्माण, पूर्णतावादी समाज के निर्माण का रास्ता दिखाती है। यह शिक्षा नीति सांस्कृतिक मूल्यों के साथ सृजनात्मक चेतना, वैज्ञानिक चिंतन, सामासिक समाज की समझ और अपने परिवेश के प्रति संवेदनशीलता का निर्माण करने की दिशा में अग्रसर करती है।

भारत में बहुत सारी भाषाएँ हैं जिनमें से लगभग 220 भाषाएँ लुप्त हो गईं। यूनेस्को ने भी स्वीकार किया है कि भारत की 197 भाषाएँ लुप्त हो गई हैं। अगर हमें पूरे देश में 22 से लेकर के 30 भाषाओं में शिक्षा देनी है, तो हमें अपनी तैयारी पर ध्यान देना होगा। यह मुश्किल कार्य नहीं है। इसके लिए हमें अनुवाद पर जोर देना होगा। इसके लिए तंत्र विकसित करना होगा। प्रशिक्षित लोग खड़े करने होंगे। इससे किसी भी भारतीय भाषा में जो लिखा जा रहा है, वह दूसरी भारतीय भाषाओं में अनुवाद होकर विद्यार्थियों और शिक्षकों को उपलब्ध हो सकेगा। दुनिया में जो लिखा जा रहा है, वह वास्तविक समय (रियल टाइम) में अनुवादित होकर आ सके, इसके लिए प्रौद्योगिकी और व्यक्तियों दोनों का सघन उपयोग करने की आवश्यकता है। आज यूरोप में यूरोपीय यूनियन इसलिए चल पा रहा है क्योंकि उन्होंने अनुवाद की समस्या का समाधान कर लिया है। हर यूरोपीय सभी भाषाएँ जान गया है, ऐसा नहीं है। उन्होंने सभी यूरोपीय भाषाओं के बीच वास्तविक समय अनुवाद के लिए कृत्रिम मेधा का प्रयोग करते हुए, अनुवाद की प्रणाली विकसित की है। भारतीय भाषाओं के लिए भी इस प्रणाली का विकास हो यह अति आवश्यक है। प्रौद्योगिकी का प्रयोग करते हुए, भाषा के कारण से, जो इस देश के अंदर अंतराल है, उसे पाटा जा सकता है। एक देश, एक जन, एक राष्ट्र और एक लक्ष्य के साथ शिक्षा व्यवस्था को खड़ा किया जा सकता है। भारतीय भाषाओं के माध्यम से शिक्षा के लक्ष्य को साकार किया जा सकता है। एक समुन्नत, समर्थ, वैभवशाली शिक्षित और विश्व में प्रभावी भूमिका रखने वाले राष्ट्र की आकांक्षाओं की पूर्ति की जा सकती है। यह कार्य जल्दबाजी में पूर्ण नहीं होगा। इस शिक्षा नीति द्वारा उक्त लक्ष्य की चरणबद्ध प्राप्ति होगी। आरंभ के लगभग दस साल इसके क्रियान्वयन में लगेंगे और इसके बाद उसका मूल्यांकन होगा। तदुपरांत आगे की रणनीति बनानी होगी। यह नीति 21वीं शताब्दी की चुनौतियों और समस्याओं का उत्तर देने वाली है। यह शिक्षा नीति भारतीय परंपरा के सातत्य में है और वर्तमान की समस्याओं का मूल्यांकन करते हुए भविष्य की चुनौतियों का दिग्दर्शन कराती है।

7

भारत-बोध

राष्ट्रीय शिक्षा नीति-2020 में भारतीयता का बोध और आत्मनिर्भर भारत का लक्ष्य स्पष्ट रूप से प्रकट होता है। यह शिक्षा नीति केवल शिक्षा की संरचना और स्वरूप को बदलने की बात नहीं करती बल्कि पूरी तरह से शिक्षा के लक्ष्यों का कायाकल्प करते हुए 21 वीं सदी के भारत के स्वप्नों को साकार करने का पथ प्रदर्शित करती है। अब तक हम लोगों ने शिक्षा को उत्पाद या संसाधन तैयार करने का माध्यम माना था। इसी का एक परिणाम यह था कि हम शिक्षा से जुड़े मंत्रालय को मानव संसाधन विकास मंत्रालय कहा करते थे। क्या शिक्षा केवल संसाधन तैयार करती है? क्या हम लोग केवल संसाधन हैं? यह नीति स्पष्ट घोषणा करती है कि मनुष्य में मनुष्यता का विकास शिक्षा का लक्ष्य है। इसके लिए उसके संज्ञान के साथ-साथ सृजनात्मक-कल्पना, और भावनाओं का परिष्कार भी आवश्यक है। इन्हीं माध्यमों से व्यक्ति का समग्र विकास संभव होता है। सीखने-सिखाने में नूतनता आती है। यह नूतनता शिक्षा की मूलभूत विशेषता है। भारतीय परंपरा में देखें तो हमारे यहाँ ऐसी ही शिक्षा की व्यवस्था रही है। हम केवल सूचना प्राप्त करने का लक्ष्य नहीं रखते हैं। केवल जो दिख रहा है, उसे जानकर संतुष्ट नहीं हुए हैं। बल्कि पारंपरिक भारतीय शिक्षा में जिज्ञासा और प्रश्नाकुलता का पोषण किया गया है। यह नीति भी शिक्षा की प्रक्रिया को सूचना और परीक्षा केंद्रित रटंत प्रणाली की व्यवस्था से मुक्त करना चाहती है। भारतीय परंपरानुरूप शिक्षा को शाश्वत मूल्य से पोषित, जिज्ञासु मस्तिष्क के विकास का माध्यम बनाना चाहती है। इसके लिए यह नीति शिक्षा प्रणाली व शिक्षण के किसी एक मात्र सार्वभौमिक प्रारूप की बात नहीं करती है। इसमें प्रत्येक उस प्रणाली के तत्त्व हैं जो शिक्षार्थी

के स्तर और विषयानुरूप उसे सीखने का अवसर देते हैं। यह तारतम्यता पूर्व प्राथमिक स्तर से शोध तक विद्यमान है। नीति के शिक्षणशास्त्र संबंधी सुझाव व्यापक हैं। इसके अंतर्गत सीखने की सामग्री, चाहे वह पुस्तक हो, डॉक्यूमेंट्री हो, ई-कंटेंट हो उसे समृद्ध बनाने का सुझाव दिया गया है। पढ़ाने के तरीकों को आनुभाविक और परिवेश से जोड़ने की विधियों का उल्लेख है। शोध के स्तर पर भारतीय संदर्भ में प्रासंगिक विषय चुनने तथा उन्हें उद्योग जगत से जोड़ने पर बल दिया गया है। कुल मिलाकर हम केवल 'बताने' की पद्धति से बाहर निकलकर मनन करने, बदलाव करने और अपनाने की पद्धति की ओर बढ़ें, ऐसी अनुशंसा इस नीति में है।

निश्चित ही यह पद्धति भारतीय शिक्षा का कायाकल्प करेगी। हमने सत्तर वर्षों में शिक्षा की दृष्टि से विकास किया है लेकिन यह विकास मात्रा की दृष्टि से अधिक हुआ है। अब इसमें गुणात्मक सुधार करना है। ऐसा किए बिना हम लोगों को साक्षर तो बनाएँगे लेकिन उन्हें एक बेहतर मनुष्य नहीं बना पाएँगे। इतना ही नहीं, इसके बिना हम वैश्विक स्तर के गुणवत्तापूर्ण संस्थान भी विकसित नहीं कर सकते हैं। विचारणीय है कि आई.आई.टी. जैसी गुणवत्ता किसी सामान्य महाविद्यालय की क्यों नहीं है? हमारे छात्रों में क्षमताएँ हैं किंतु अनुकरणवादी पद्धति के कारण हम उसे साकार नहीं कर पाते हैं। उदाहरण के लिए हम अपने दैनंदिन कार्यों के उपकरणों पर विचार कर सकते हैं कि इनमें से कितने उपकरणों का विकास भारतीयों द्वारा किया गया? ऐसा योगदान न के बराबर है लेकिन जब हमने ठाना तो सुपर कम्प्यूटर भी बना लिया। अर्थात हमारे अध्यापकों, शोधकर्ताओं और विद्यार्थियों में क्षमताएँ हैं, उन्हें सामने कैसे लाया जाए? इस दृष्टि से विचार करना है। इस नीति के प्रस्ताव और क्रियान्वयन इसी दिशा में होंगे। प्रस्तुत नीति में औपचारिक शिक्षा की नई प्रस्तावित संरचना पूर्व प्राथमिक या आंगनबाड़ी से आरंभ करते हुए महाविद्यालयों तक कल्पना, जिज्ञासा और अन्वेषण के अधिगम के माहौल को तैयार करने का लक्ष्य रखती है।

नई शिक्षा नीति गुणवत्तापूर्ण शिक्षा के लिए भाषाई बाधा को समाप्त करने की पहल है। प्रायः हम मानते हैं कि विश्वस्तरीय शिक्षा अंग्रेजी माध्यम में ही संभव है। क्या हमने कभी विचार किया कि जापान, कोरिया और इजराइल ने अंग्रेजी के बिना भी विश्व स्तर की उपलब्धि प्राप्त की है।

वहाँ शिक्षा का माध्यम उनकी मातृभाषा है। जहाँ-जहाँ हम अंग्रेजी पर निर्भर रहे वहाँ-वहाँ पीछे रह गए। इस भाषाई हीनताबोध को त्यागते हुए यह नीति उच्च शिक्षा में अंग्रेजी की अनिवार्यता को समाप्त करने की पहल करती है और भारतीय भाषाओं में उच्च शिक्षा को सुनिश्चित करने का सुझाव देती है। इस नीति के आधारभूत सिद्धान्तों में ही स्वीकार किया गया है कि सर्वोत्तम शिक्षण मातृभाषा के माध्यम से होता है। वर्ष 1835 में मैकाले की नीति के बाद यह मान लिया गया कि वर्नाक्यूलर भाषा में जो पढ़ाई है, वह पढ़ाई नहीं है। हद तो यह है कि हमने भाषा जानने वाले को भी निरक्षर मान लिया। निहितार्थ है कि मैकाले की नीति और दृष्टि भारतीय मेधा को समाप्त करने की थी। फिर भी, विज्ञान, गणित, साहित्य और राजनीति में भारतीय मेधा ने अपना महत्त्व स्थापित किया। हरगोविंद खुराना, सी. वी. रमन और जगदीश चंद्र बसु से हम सभी परिचित हैं। इनके आविष्कारों और खोजों में ज्ञान के साथ-साथ भारतीय सांस्कृतिक विरासत खड़ी है। इन्हें अपने भारतीय होने का भान है। इन्हें भारतीय परंपरा का बोध है। यह शिक्षा नीति इसी दृष्टि से भारतीय सांस्कृतिक इतिहास और परंपरा को शिक्षा से जोड़ती है। नीति इस मान्यता का खंडन करती है कि हमारी प्राचीन परंपरा निरुपयोगी है। इसके विपरीत यह स्वीकृति है कि हमारी परंपरा अपने परिवेश के प्रति जागरूक और संवेदनशील बनाती है तथा इतिहास, भाषा और संस्कृति की चेतना को पोषित करती है।

यह शिक्षा नीति समाज के वंचित वर्ग के लिए अवसरों की उपलब्धता पर बल देती है। सरकारी विद्यालयों को संसाधन संपन्न बनाना, प्राथमिकता के आधार पर अध्यापकों की नियुक्ति, वंचित वर्ग के लिए अनेक विशेष योजनाओं का उल्लेख इस नीति में है। इन प्रयासों के द्वारा शिक्षा सभी सामाजिक वर्गों के लिए उपलब्ध होगी। शिक्षा को अंतिम व्यक्ति तक पहुँचाने का दायित्व राज्य का होगा। यह नीति इस स्थापना को तोड़ना चाहती है कि पढ़े-लिखे व्यक्ति का काम केवल प्रबंधन और शासन है और कम पढ़े-लिखे व्यक्तियों का कार्य शारीरिक श्रम करना है। इसी तरह यह नीति नौकरी के लिए उपाधि की मान्यता पर चोट करती है। यह नीति आत्मनिर्भर युवाओं की तैयारी पर बल देती है। यह गांधी के विचारानुसार, बुद्धि, शरीर और संवेग का समन्वय करने का भी प्रयास करती है।

राष्ट्रीय शिक्षा नीति-2020 में शिक्षा संस्थानों की स्वायत्तता का भी प्रावधान है। अभी हमारे यहाँ केंद्रीय संस्थानों में फैसले होते हैं और उन्हें हर विद्यालय और महाविद्यालय में लागू कर दिया जाता है। यह नीति प्रत्येक विद्यालय और महाविद्यालय को अवसर देती है कि वे अपनी स्थानीय आवश्यकताओं एवं राष्ट्रीय आवश्यकताओं के बीच तालमेल बनाते हुए शिक्षा की पाठ्यचर्या और कौशल के स्वरूप को निर्मित करें, जिससे स्थानीय स्तर से राष्ट्रीय स्तर तक मनुष्य अपनी नागरिक भूमिका का और व्यक्ति की भूमिका का ठीक से निर्वहन कर सकें।

इस तरह से शिक्षा नीति-2020 शिक्षा से लुप्त हो गई भारतीयता को पुनः स्थापित करने का समग्र प्रयास है। समाज के अंतिम जन को सशक्त करने की दिशा में प्रस्थान है। प्रत्येक बच्चे के समग्र विकास की आधारशिला है। सामाजिक-आर्थिक समरसता बढ़ाने का यत्न है। यह नीति भारत के लोगों के लिए भारत केंद्रित शिक्षा प्रणाली विकसित करते हुए स्थानीयता की उपेक्षा न हो, इसका ध्यान दिलाती है। यह नीति भारत को जानने, भारत को समझने, भारत के भविष्य को सुंदर बनाने, भारत को आत्मनिर्भर बनाने में योगदान करने वाले समर्थ नागरिकों को तैयार करने का आधार है। इसके लिए इसमें तीन अपरिहार्य बदलावों की अनुशंसा है—शिक्षा भारतीय भाषाओं के माध्यम से हो, शिक्षण के केंद्र में शिक्षार्थी हो और शिक्षा का उद्देश्य मनुष्य का निर्माण हो। वर्तमान शिक्षा को इस तरह से पुनर्संरचित करने पर शिक्षा सृजनात्मक कल्पना को जन्म दे सकेगी। वैश्विक आवश्यकताओं को सामने रखते हुए भारत की भूमिका तय करने वाले नागरिकों का विकास कर सकेगी।

8

परंपरा और आधुनिकता की बहस

राष्ट्रीय शिक्षा नीति-2020 भारतीय ज्ञान परंपरा पर आधारित शिक्षा को 'पारंपरिक' शिक्षा के रूप में प्रतिष्ठित करती है। यह नीति घोषित करती है कि हमारी पारंपरिक शिक्षा अपनी विषयवस्तु और पद्धति दोनों दृष्टियों से पूर्णतया प्रासंगिक है। आज दुनिया में इसी पद्धति पर आधारित शिक्षा की जरूरत है। यह जन शिक्षा का एक महत्त्वपूर्ण माध्यम है जिसमें "प्रत्येक पढ़ेगा और प्रत्येक पढ़ायेगा" के सिद्धांत की स्वीकृति है। नई शिक्षा नीति परंपरागत शिक्षण प्रणाली को तकनीकी के माध्यम से विस्तृत करती है। हमने परंपरागत ढंग से ठप्पे द्वारा छापे का विस्तार कर पुस्तक तैयार करने की शुरुआत की थी। आज यह प्रगति-यात्रा कागज पर छपी किताबों से आगे बढ़ते हुए ई-बुक तक आ गयी है। यह परंपरागत शिक्षा प्रणाली की ही सोच है—"पुस्तको भवेत् पंडितः" यानी पुस्तक सबके पास होनी चाहिए। परंपरागत शिक्षा प्रणाली में कलम और स्याही से पुस्तकें लिखी जा रही थीं। उन किताबों की एक प्रति को लकड़ी के ठप्पों के माध्यम से एक व्यक्ति एक दिन में तैयार कर रहे थे। जब कागज का विचार आया तो एक दिन में एक व्यक्ति हजारों किताबें छापने लगा और अब ई-बुक के जमाने में कोई व्यक्ति एक दिन में जितनी चाहे उतनी प्रतियाँ तैयार कर सकता है। परंपरागत शिक्षा और आधुनिक शिक्षा एक ही दिशा में चल रहे हैं, जिसमें ज्ञान का आधार पुस्तकें हैं और ज्ञान का प्रसार करने वाला शिक्षक है। ज्ञान को अधिकतम लोगों तक कम समय में, कम खर्च और कम संसाधन के द्वारा पहुँचाने का एक तरीका है कि ज्येष्ठ विद्यार्थी ने जितना पढ़ लिया है उतना ज्ञान अपने कनिष्ठ तक पहुँचाए। यही हमारी पाठशालाओं और मठों में हो रहा था। इस पद्धति में वरिष्ठ विद्यार्थी कनिष्ठ

विद्यार्थी को पढ़ाता था। यदि सबको शिक्षा देनी है तो इस परंपरागत विधि के मॉडल को हमें दुनिया के सामने लाना होगा। नई शिक्षा नीति में इसके लिए जगह बनाई गई है। इस परंपरागत शिक्षा प्रणाली की मदद से लद्दाख और तिब्बत की सीमा पर स्थित गाँव के बच्चे भी परिवार के शिक्षित व्यक्तियों के सहयोग से वैसी शिक्षा प्राप्त कर सकते हैं जो देहरादून के स्कूलों में मिलती है। इसके लिए ब्लेंडिंग अर्थात मिश्रण की जरूरत है। दून स्कूल जैसे विद्यालयों की पढ़ाई को तकनीक के माध्यम से इनके घरों तक पहुँचाना होगा। केवल दून की पढ़ाई पढ़ने से उनको नहीं समझ में आएगा क्योंकि उन्होंने देहरादून की दुनिया देखी ही नहीं है, इस प्रकार की पढ़ाई केवल उन्हें अक्षरबोध मात्र ही कराएगी न कि उन्हें शिक्षित बनाएगी। इसलिए उनके परिवार के संस्कार, उनके कुल के धर्म और उसके परिवेश के साथ तकनीक का प्रयोग करते हुए उन तक श्रेष्ठतम पारंपरिक शिक्षा पहुँचानी होगी। पारंपरिक शिक्षा, जिसमें अधिक पढ़ा, कम पढ़े को पढ़ाए, कम पढ़ा अभी जो शिक्षा प्रारंभ करने जा रहा है उसको पढ़ाए तो इस प्रकार पढ़ाई का स्तर बढ़ता जाएगा। यह 'टू-वे एजुकेशन' होगा। हमारे मठों, मंदिरों और पारंपरिक मॉडल पर चलने वाले नालंदा जैसे विश्वविद्यालयों की पढ़ाई इसी रूप में चलती थी। यही रूप शांति निकेतन के विश्वभारती में रहा है। यहाँ आज भी पेड़ों के नीचे जो पढ़ाई हो रही है, वह श्रेष्ठतम रूप में हो रही है। शिक्षक और विद्यार्थीगण प्रकृति के साथ प्रकृति की शक्ति को पहचानते हुए और उससे तादात्म्य स्थापित करते हुए ज्ञान प्राप्त कर रहे हैं।

आज पूरी दुनिया की शिक्षण प्रणाली और शिक्षा-शास्त्रों के सामने जो समस्याएँ हैं उसका उत्तर परंपरागत ज्ञान परंपरा में है, जिसे भारतीय ज्ञान परंपरा भी कहते हैं। इसे ही दलाई लामा ने नालंदा ज्ञान परंपरा माना है। आज इसे पुनर्जीवित करने की चुनौती है। इसके लिए परंपरागत अध्ययन मॉडल के अनुसार विद्यार्थियों और अध्यापकों की भूमिका को पुनर्स्थापित करना होगा। आजकल हम शिक्षार्थियों को तकनीकी और कौशल की शिक्षा दे रहे हैं। यदि ऐसी शिक्षा मूल्य आधारित न हो तो वह मनुष्य को उसकी संस्कृति, परिवेश और परंपराओं से काटती है। उसे विश्व मानव बनाने का दावा करती है लेकिन अंततः यंत्र मानव बनाती है। परिणामस्वरूप संस्कृति और मनुष्य के जीवन में पारस्परिकता कम होती जाती है। हमें ध्यान रखना होगा कि हजारों वर्षों

से किसी भूमि और उस भूमि के जन के लिए किस प्रकार का जीवन होना चाहिए और किस प्रकार का विकास होना चाहिए, इसका कोई एक मॉडल नहीं है और न ही कभी हो सकता है। जब नदियों की धार और बर्फ की फुहार अलग हैं तब एक ही तरह की शिक्षा की प्रणाली भी नहीं हो सकती, क्योंकि ये मनुष्य-निर्माण में बाधा पहुँचाती है। शिक्षा का उद्देश्य ऐसा मनुष्य बनाना है जो दुःखों से अपनी मुक्ति का उपक्रम करता है और दूसरों के दुःख को भी दूर करने का प्रयास करता है।

पाश्चात्य पद्धति से प्रेरित शिक्षा प्रणाली औसतीकरण की शिक्षा प्रणाली है। वह विविधताओं को समाप्त करने की प्रणाली है, जबकि विविधता ही हमारी विशेषता है। हम जिस परंपरा में विकसित हुए हैं उसमें रूप, भाषा, बोली और उपासना अलग-अलग हैं। एक ही धर्म में होते हुए भी उपासना की परंपरा अलग है और एक ही धर्म में, एक ही उपासना की परंपरा होते हुए भी कालखण्ड और समय अलग हैं, त्योहार अलग हैं, प्रेम और करुणा को प्रकट करने के साधन अलग हैं, खान-पान अलग हैं। इन सबके होते हुए भी हमारी परंपरागत शिक्षा प्रणाली में एकत्व है। मनुष्य के दुःख को दूर करने का लक्ष्य है। वास्तव में यही लक्ष्य शिक्षा का अंतिम परिणाम है। अज्ञान से निवृत्ति का जो यत्न है वही शिक्षा है। अविद्या से मुक्ति का जो यत्न है, वह यत्न ही शिक्षा है। यही कारण है कि भारत ज्ञान परंपरा शिक्षा को अध्यात्म और नैतिकता के धरातल पर खड़ा करती है। ये आधार ही व्यक्ति को मोह, लोभ और क्रोध आदि से मुक्त करते हैं।

शिक्षा नीति-2020 भारत की शिक्षा को मैकाले की प्रणाली से मुक्त करने के लिए संकल्पित है। यह नीति शासकों की इच्छानुरूप शिक्षण, शोषणकारी शिक्षा, दूसरों को दुःख पहुँचाने वाली शिक्षा से मुक्ति का दस्तावेज़ है। हमारी शिक्षा प्रणाली संस्कृति को अपनाने और तदनुरूप जीवन को रचने का संदेश देती है। यह भाव कश्मीर से कन्याकुमारी, प्रत्येक स्थान पर उपस्थित है। इसे परंपरा और आधुनिकता के भेद में हमने बाँटा है जबकि इसके मूल्य और तत्त्व समान हैं। शिक्षा के रास्ते सृजन और समरसता का भाव हमारे यहाँ प्राचीन काल से ही उपस्थित रहा है। 'आधुनिकता' के नाम पर इसे सीमित करने के प्रयास हुए थे लेकिन नई शिक्षा नीति हमें इन मूल्यों से जोड़ती है। हम चाहते हैं कि शिक्षा किसी पर बोझ न बने, न तो लागत की दृष्टि से,

न ही पद्धति और विषयवस्तु की दृष्टि से। प्रत्येक गाँव और नगर में शिक्षा की सुविधा हो। जिनके पास शुल्क वहन करने की क्षमता है, वे शुल्क अदा करें और जिनमें शुल्क वहन करने की क्षमता नहीं है, उन तक ज्ञान का निर्बाध प्रसार करना राज्य का दायित्व है। 'शिक्षा जीवन के लिए है और जीवन राष्ट्र के लिए', यह विचार भारतीय ज्ञान परंपरा में सदा से उपस्थित रहा है। यदि लालच से मुक्ति नहीं होगी तो विज्ञान और तकनीकी चाहे जितनी भी उन्नति कर ले, मनुष्य केवल उससे हिंसा और बेईमानी ही करेगा। भौतिकतावादी प्रवृत्ति पर आधारित शिक्षा ने इस प्रकार का मनुष्य बनाया है जो सर्वत्र शत्रु खोजता है और उस पर विजय प्राप्त करना चाहता है जबकि भारतीय शिक्षा प्रणाली सर्वत्र जीवन में समरसता और करुणा देखती है। राष्ट्रीय शिक्षा नीति के प्रभावपूर्ण क्रियान्वयन द्वारा एक श्रेष्ठ, शांतिमय और सुखमय भारत का निर्माण करना है। यह प्रत्येक शिक्षक और शिक्षार्थी की समवेत जिम्मेदारी है।

9
वैचारिक स्वराज का आधार

राष्ट्रीय शिक्षा नीति-2020 वैचारिक स्वराज के लक्ष्य को ध्यान में रखते हुए शिक्षा की संरचना, शिक्षण और शोध की भूमिका को सुझाती है। इसके पूर्व के अधिकांश दस्तावेज़ों में शिक्षित व्यक्ति का संदर्भ यूरोप केंद्रित था। स्वतंत्रता के बाद की शिक्षा नीतियों के बदलाव यूरोप के स्थान पर अमेरिकन मॉडल व सोच से प्रभावित थे। स्वतंत्रता से पूर्व ब्रिटिश और स्वतंत्रता के बाद अमेरिकन मॉडल के अनुकरण का परिणाम है कि हमारी शिक्षा-प्रक्रिया में भारतीय संस्कृति के लिए नाममात्र की जगह थी। हम शिक्षा को उत्पाद और वस्तु बनाते गए। इस जड़ता को तोड़ते हुए शिक्षा नीति-2020 शिक्षा को प्रक्रिया के रूप में स्थापित करती है। यह नीति मनुष्य की क्षमता पर विश्वास करते हुए उसे पूर्णता की ओर ले जाने का लक्ष्य रखती है। इसी लक्ष्य को भारतीय विचारकों जैसे—विवेकानंद, मदन मोहन मालवीय, रबींद्र नाथ टैगोर और गांधी ने भी स्थापित किया है जिसके अनुसार शिक्षा मनुष्य में अंतर्निहित क्षमताओं का प्रस्फुटन है।

वर्ष 1857 में जब ब्रिटिश प्रारूप के विश्वविद्यालय बने थे तो उन विश्वविद्यालयों का आकलन करते हुए भारतेंदु हरिश्चंद्र ने एक विशिष्ट प्रकार के विश्वविद्यालय की कल्पना की थी जो भारतीय भाषाओं के माध्यम से खड़ा होगा। उस कल्पना को वर्ष 1904 में 'प्रॉस्पेक्ट्स फॉर बनारस हिंदू यूनिवर्सिटी' प्रकाशित करते हुए मदन मोहन मालवीय ने स्थापित किया। यह विश्वविद्यालय भारतीय स्वरूप का था। इसमें भारतीय संस्कृति, विचार और मूल्य स्थापित किए गए। इस संस्थान में भारतीय संगीत, साहित्य और कला को समाविष्ट करते हुए शिक्षा पर विचार किया गया। उसी कालखंड में मदन मोहन मालवीय जी

ने एक महत्त्वपूर्ण बात कही थी कि प्राथमिक शिक्षा सभी को निःशुल्क मिलनी चाहिए। भारत के अंदर किसी को भी प्राथमिक शिक्षा से वंचित नहीं किया जाना चाहिए। 'शिक्षा का अधिकार' कानून लागू होने के बाद 6 से 14 वर्ष तक के बच्चों की शिक्षा को कानूनी अनिवार्यता मिली। लेकिन 3 से 6 वर्ष की आयु के बीच वाले बच्चे इसके बाहर थे। जीवविज्ञान और संज्ञानात्मक मनोविज्ञान की दृष्टि से यह आयु वर्ग महत्त्वपूर्ण था। इस शिक्षा नीति में इसकी शिक्षा पर गंभीरतापूर्वक विचार किया गया। ऐसे ही हमने उच्च शिक्षा में विशेषज्ञता के नाम पर जो तंत्र खड़ा किया उसमें मूल्यों के लिए न्यूनतम स्थान रखा। इसका परिणाम यह हुआ कि विशेषज्ञता के अर्जनोपरांत जीविका के लिए लाभ, यश, प्रसिद्धि महत्त्वपूर्ण आकर्षण रहा। चिकित्सा विज्ञान पढ़कर विद्यार्थी सिविल सेवा में आए। मानव सेवा की शपथ स्वप्न बन कर रह गई। हमने शिक्षा द्वारा संसाधन बनाया लेकिन चेतना का उन्नयन नहीं कर सके।

यह नीति भारतीय मन एवं मेधा के साथ शिक्षा को विकसित करने का एक प्रयास है। इस शिक्षा नीति को सिर्फ संस्था का स्वरूप बदलने के रूप में नहीं देखा जा सकता। इसमें विषयवस्तु, शिक्षण, तकनीकी आदि को बदलने और अद्यतन करने के लक्ष्य हैं। उनके लिए वित्त की योजना भी है। शिक्षा के अवसरों को बढ़ाने के लिए हमने संस्थाओं की क्षमता को बढ़ाने और संसाधनों की भागीदारी का रास्ता अपनाया है। पहली बार शिक्षा का ऐसा मॉडल आया है जिसमें राज्य सरकार और केंद्र सरकार के बीच जो शैक्षिक विवाद होते हैं, वह विवाद न रहे। पूरे देश में शिक्षा को नियमित करने, नियंत्रित करने के लिए एक तरह के स्वरूप की अनुशंसा है। ज्ञान की कृत्रिम दीवारों को तोड़ने का प्रयत्न है। इससे ज्ञान के विभिन्न क्षेत्रों में परस्पर अंतरण होगा। कोई विद्यार्थी भौतिक विज्ञान, गणित और संगीत पढ़ना चाहता है तो उसे इसकी सुविधा उपलब्ध होगी। यह शिक्षा नीति का अनूठा प्रयोग है जिसकी मान्यता है कि सब में कुछ विशिष्ट क्षमताएँ होती हैं। इन क्षमताओं के विकास के लिए सभी विद्यार्थियों को समान अवसर उपलब्ध होना चाहिए।

इस नीति में पहली बार भारतीय संस्कृति के समृद्ध ज्ञान भंडार की चर्चा की गई है। उसे औपचारिक शिक्षा में शामिल करने का लक्ष्य रखा गया है। इससे हजारों वर्ष में विकसित हुए मानवीय अनुभवों को शिक्षण में समाविष्ट करने में मदद मिलेगी। यह नीति अपनी विरासत को शिक्षण में समाविष्ट

करके एक संवेदनशील जिम्मेदार मनुष्य और नागरिक दोनों ही निर्मित करने का सुझाव देती है। इस शिक्षा नीति में पहली बार भारतीय भाषाओं की ताकत को पहचाना गया है। इस ताकत को पहचानने के पीछे ऐतिहासिक कारण हैं। इसे समझने के लिए हमें पूरी दुनिया में घटित हुए ऐतिहासिक कारणों पर ध्यान देना होगा। हमने बार-बार शिक्षा का विचार करते हुए यूरोप को अपना संदर्भ बिंदु बनाकर विचार किया है। इसका परिणाम यह हुआ कि औपनिवेशिक मनोवृत्ति के शिकार होने के नाते हम अपनी शिक्षा की हानि को लाभ समझते रहे।

इस नीति में दो प्रकार के विश्वविद्यालयों की चर्चा है—शोध केंद्रित और अध्ययन केंद्रित। यद्यपि दोनों में शोध और अध्ययन होगा। हम अन्य देशों के स्थापित प्रतिष्ठित विश्वविद्यालयों की तरह विश्वविद्यालय बना सकें, यह क्षमता हमारे देश में है। सभी भारतीय भाषाओं में शिक्षा देने पर ही यह संभव होगा। दुनिया का ज्ञान-विज्ञान अपने पास आना चाहिए, इसके लिए यह शिक्षा नीति अनुवाद पर जोर देने वाली शिक्षा नीति है। यह नीति प्राथमिकता के आधार पर अनुवाद के लिए सुविधा को विकसित करने की अनुशंसा करती है, जिससे सभी भारतीय भाषाओं में दुनिया भर के ज्ञान का अनुवाद हो सके। इस क्षेत्र में हमारी सीमा थी कि अनुवाद करने वाली संस्थाएँ केवल साहित्य का अनुवाद कर रही थीं। ज्ञान-विज्ञान में अनुवाद की गति मंद थी। अब इस क्षेत्र में भी संभावना खुली है। हमें भारतीय भाषाओं और विश्व की अन्य भाषाओं के बीच अनुवाद द्वारा ज्ञान के अंतरण को बढ़ाना है। यह अंतरण रटंत शिक्षा प्रणाली के स्थान पर बोध, रचनात्मकता और क्षमता को संवर्धित करने वाली प्रणाली को विकसित करेगा। यदि लक्ष्य प्राथमिक शिक्षा से उच्च शिक्षा तक साकार होता है तो हमें आत्मनिर्भर भारत की निर्मिति की दिशा में आ रही चुनौतियों का सामना कर सकने वाले और अवसरों का लाभ उठा कर उन्हें उपलब्धि में अर्जित कर सकने वाली मेधावान युवकों को तैयार करने में सहयोग मिलेगा। यदि हमें संपूर्ण मनुष्य बनाना है तो उसकी जो भी प्रतिभाएँ हैं, वह विकसित एवं श्रेष्ठ होनी चाहिए। इसी कारण यह नीति विषयों, पाठ्यसहगामी क्रियाओं, खेल आदि को समन्वित करती है और शिक्षा के अधिकार के साथ शिक्षा की गुणवत्ता के बारे में भी सोचती है। यह शिक्षकों की भूमिका को महत्त्वपूर्ण मानते हुए उनसे अपेक्षा रखती है कि वे शिक्षा के बाधकों, जैसे भाषा की समस्या आदि

से पार पाने में मदद करें। सभी विश्वविद्यालय किसी न किसी प्रांत में अवस्थित हैं। उस प्रांत में कोई न कोई भाषा है। हमारी भाषा में सामग्री नहीं है, इस नाते हम अंग्रेजी में पढ़ाने के लिए बाध्य हैं। हम सब जानते हैं कि स्नातक में आने वाला हमारा विद्यार्थी अंग्रेजी भाषा को कितना समझ पाता है। भाषा सीखते-सीखते ही उसकी जिंदगी चली जाती है। इस संदर्भ में एक उदाहरण देना चाहता हूँ। 'स्वराज इन आइडियाज' में के. सी. भट्टाचार्य लिखते हैं कि "मैं इस स्थिति में आ गया हूँ कि बांग्ला में कुछ भी नहीं सोच सकता, जो सोचता हूँ उसको बांग्ला में लिख नहीं सकता, इसलिए मेरे द्वारा लिखित 'स्वराज इन आइडियाज' में भी मौलिकता नहीं आएगी।" के. सी. भट्टाचार्य की इस स्वीकारोक्ति का हमें ध्यान रखना चाहिए। हमें एक ऐसी शिक्षा पद्धति की स्थापना करने का प्रयत्न करना होगा जिसमें सृजनात्मक कल्पनाएँ और नई संभावनाओं का चिंतन मनुष्य अपनी मातृभाषा में कर सके। इस तरह से मौलिक प्रतिभाओं के विकास द्वारा वैचारिक स्वराज्य का चिंतन इस नीति में परिलक्षित है। इसके लिए हमें दुनिया में उपलब्ध ज्ञान-विज्ञान के संसाधनों, तकनीकी उपकरणों के संसाधनों, संप्रेषण के माध्यमों का समन्वित प्रयोग करते हुए संपूर्ण शिक्षा व्यवस्था को परिवर्तित करने का यत्न करना है। इस स्थिति में भारतीय मेधा वैश्विक स्तर पर स्थापित हो सकेगी।

10

राष्ट्रीय शिक्षा नीति-2020 और हिंदी

बहुभाषिकता भारतीय संस्कृति का मूल स्वभाव है। यहाँ के अधिकांश जन बहुभाषिक हैं। यहाँ की भाषाओं में परस्पर संबंध भी है। इस विशेषता की शिक्षा द्वारा उपेक्षा हुई। भारत में औपनिवेशिक शिक्षा के विस्तार के साथ ही अंग्रेजी भाषा अनिवार्य रूप से शिक्षा का माध्यम बन गई। यह भारत की बहुभाषिकता को समाप्त करने के लिए ही किया गया था। इस बहुभाषिकता के समाप्त होने के कारण भारत शिक्षा के क्षेत्र में लगातार पीछे गया। यहाँ तक कि अंग्रेजों ने भारतीय भाषाओं के लिए "वर्नाक्यूलर" शब्द आविष्कृत कर दिया। इन्होंने साक्षर होने की ऐसी परिभाषा गढ़ी कि जो भारत 90 प्रतिशत साक्षर लोगों का देश था, वह 1835 में अशिक्षितों के देश के रूप में परिवर्तित हो गया। यह परिवर्तन केवल अंग्रेजों के सरकारी दस्तावेजों में था। हमारा देशज ज्ञान-विज्ञान सतत रूप से विभिन्न स्थानीय प्रणालियों में संरक्षित था।

स्वतंत्र भारत में बहुभाषिकता को बढ़ावा देने के लिए त्रिभाषा-सूत्र लाया गया। इसका उद्देश्य था कि प्रत्येक विद्यार्थी अपनी मातृभाषा के अतिरिक्त दो और भाषाओं में समझ विकसित कर सके। यद्यपि यह सूत्र भारतीय भाषाओं के प्रोत्साहन के लिए था, लेकिन इसका क्रियान्वयन इस तरह से हुआ कि यह संपर्क भाषा के रूप में अंग्रेजी भाषा की स्वीकार्यता और अनिवार्यता का सूत्र बन गया। इस सूत्र का आग्रह था कि प्राथमिक शिक्षा मातृभाषा में हो। इस दृष्टि से भारतीय भाषाओं में पढ़ने-लिखने की संस्कृति के विकास की संभावना थी। दुर्भाग्य से इसकी व्याख्या और क्रियान्वयन इस तरह से हुआ कि देश भर में भाषिक दृष्टि से दोहरी शिक्षा प्रणाली विकसित हुई। एक तरफ वह प्राथमिक शिक्षा थी, जो अंग्रेजी के माध्यम से चल रही थी और

दूसरी ओर ऐसी प्राथमिक शिक्षा थी जो हिंदी सहित अन्य भारतीय भाषाओं में चल रही थी। इस माध्यम से चल रही शिक्षा प्रणाली या शिक्षा के संस्थान कालखंड के साथ दोयम दर्जे के हो गए। दून स्कूल या इस प्रकार के मॉडल पर स्थापित देशभर में पब्लिक स्कूल और मिशनरी स्कूल श्रेष्ठ शिक्षा के केंद्र के रूप में विकसित हुए।

पूरे देश भर में हिंदी का जो विस्तार हुआ है उसमें शिक्षा की तुलना में बाजार, सिनेमा, रेल, संचार माध्यमों की महती भूमिका है। हिंदी के विस्तार में श्रेष्ठ कहे जाने वाले शिक्षण संस्थानों का कोई विशेष योगदान नहीं है। यह दो कारणों से हुआ। पहला, त्रिभाषा सूत्र की एक व्याख्या की गई कि इसमें अंग्रेजी अपरिहार्य है इसलिए प्राथमिक स्तर पर जिन राज्यों में अंग्रेजी नहीं थी वहाँ भी उच्चतर माध्यमिक या पूर्व माध्यमिक या कक्षा छह से लेकर आठ तक अंग्रेजी को एक अनिवार्य विषय के रूप में स्वीकृत किया गया। उत्तर प्रदेश और बिहार जैसे हिंदी हृदय वाले प्रदेश भी अपवाद नहीं थे। तीसरी भाषा के रूप में इन प्रांतों में विद्यार्थियों ने जो चयन किया वह संस्कृत थी। इस तरह से हिंदी हृदय प्रदेश में त्रिभाषा सूत्र तीन भाषाओं में आकर सिमट गया—हिंदी, अंग्रेजी और संस्कृत। बाद में संस्कृत भी अपदस्थ हो गई। राजनीतिक कारणों से बिहार और उत्तर प्रदेश ऐसे पहले राज्य बने जिन्होंने उर्दू को द्वितीय राजभाषा के रूप में स्वीकार किया। द्वितीय राजभाषा के रूप में स्वीकृति के कारण उर्दू एक स्वतंत्र भाषा के रूप में इन राज्यों में विकसित हुई और उसमें रोजगार के अवसर उपलब्ध हुए। दूसरा प्रभाव सूचना क्रान्ति का था। 1990 के बाद से इंटरनेट के उदय के कारण गूगल सभी प्रश्नों के समाधान और जिज्ञासाओं के केंद्र में आ गया। इसने भाषाओं के बाजार को भाँपते हुए बिहारी और हरियाणवी जैसी भाषाओं का चलन शुरू किया।

त्रिभाषा सूत्र के क्रियान्वयन के दौरान ऐसी परिस्थिति बनी कि हिंदी हृदय प्रदेश का विद्यार्थी दक्षिण भारत की भाषाएँ न पढ़ सके। यहाँ के विद्यार्थियों को हिंदी पढ़ने के कारण संस्कृत से निकटता की अनुभूति हो रही थी। कम से कम लिपि और शब्द संपदा उसे नई नहीं सीखनी थी। सुबन्त-तिङ्गत सीख कर काम चल सकता था और अंक भी अच्छे आ जाते थे। इस कारण से संस्कृत तीसरा विकल्प बना। औपचारिक रूप से विद्यार्थी मलयालम, तेलुगु, तमिल, कन्नड़, गुजराती, मराठी यह सब ले सकता था, लेकिन यह संख्या

नगण्य थी और कभी-कभी शून्य थी। इसका परिणाम यह हुआ कि धीरे-धीरे दक्षिण के राज्यों को लगने लगा कि त्रिभाषा सूत्र हिंदी को थोपने का एक स्वरूप है। ऐसा ही दक्षिण के राज्यों के अंदर भी हुआ। मातृभाषा के रूप में जिस राज्य की जो भाषा थी वह प्राथमिक शिक्षा में पढ़ाई का माध्यम बनी। इसके साथ ही उन्होंने पड़ोसी राज्य की कोई भाषा चुनी और अंग्रेजी को चुन लिया। उदाहरण के लिए तमिलनाडु में अंग्रेजी प्रथम भाषा हुई, तमिल द्वितीय भाषा हुई, अन्य भारतीय भाषाओं में से एक तृतीय भाषा हुई। इन परिस्थितियों में त्रिभाषा सूत्र द्विभाषा सूत्र में बदल गया। यहाँ के विद्यालय अंग्रेजी और तमिल तक केंद्रित रहे। बात यहीं समाप्त नहीं हुई तमिलनाडु में तमिल भी सिकुड़ने लगी। आज तमिल में तमिल-दर्शन पर तमिल लोगों की सांस्कृतिक परंपरा पर तमिल में कोई अच्छा व्याख्यान हो तो पढ़े-लिखे लोगों के बीच उसे तमिल से अंग्रेजी में अनुवाद करना पड़ता है। यह तमिल भाषा के सिकुड़ने का एक उदाहरण है।

इन सबको सामने रख कर विचार करेंगे तो त्रिभाषा सूत्र का स्वरूप समझ में आएगा। शिक्षा नीति में प्रस्तावित त्रिभाषा सूत्र आश्वस्त करता है कि यदि कोई प्राथमिक विद्यालय सार्वजनिक क्षेत्र का होगा तो उसमें मातृभाषा में प्राथमिक शिक्षा दी जाएगी। यह संस्तुति स्वागत योग्य है। जब से शिक्षा का अधिकार बिल आया तो उसमें 6 वर्ष से शिक्षा प्रारंभ करने का प्रावधान था। अब तो 3 वर्ष की उम्र से पूर्व विद्यालयी शिक्षा आरंभ करने की संस्तुति है। यह वह समय है जब शिशु-विद्यार्थी किसी दूसरी भाषा को सीखने की स्थिति में नहीं होता है। उसके शिक्षण के लिए स्वाभाविक है कि उसकी मातृभाषा का प्रयोग किया जाए। इस पहल से प्राथमिक स्तर पर समस्त भारतीय भाषाओं में शिक्षण की संभावना का द्वार खुला है। यह द्वार हिंदी के लिए भी खुला है। संख्यात्मक दृष्टि से विचार किया जाए तो इस शिक्षा नीति के लागू होने के चार वर्षों के अंदर हिंदी में पढ़ने वाले और पढ़ाने वाले संस्थाओं और छात्रों की संख्या दोगुने से अधिक हो जाएगी। यह एक दृष्टि है, हिंदी को यहाँ से देखना है। यह शिक्षा नीति इस दृष्टि से महत्त्वपूर्ण है कि त्रिभाषा-सूत्र के सिद्धांत को प्राथमिक स्तर पर और पूर्व माध्यमिक स्तर पर आकर रोकती नहीं है, अपितु क्रम से धीरे-धीरे इसका विस्तार उच्च शिक्षा तक ले जाती है और निवेदित करती है कि विश्वविद्यालय शिक्षा भी भारतीय भाषाओं के माध्यम से हो।

भारत की लोकतांत्रिक व्यवस्था में जहाँ भाषा राजनीति का केंद्र रहती है, वहाँ पर हमेशा इसे लेकर राजनीतिक उठापटक होती है। राजनीतिक उठापटक होने के बाद भी हिंदी के पक्ष में जन स्वीकृति बन रही है। आज देश में हिंदी का व्यवहार करने वालों की संख्या 80 करोड़ से ऊपर है। अधिकांश राज्यों की कार्यपालिका और व्यवस्थापिका से लेकर के संचार-बाजार में सर्वत्र हिंदी का प्रयोग है। वर्तमान में हर साक्षर व्यक्ति हिंदी समझता है, हिंदी का उपयोग करता है, उसकी द्वितीय भाषा हिंदी है। यदि इस संख्या को जोड़ा जाता है तो हिंदी का व्यवहार करने वालों की संख्या 110 करोड़ पहुँचती है। दक्षिण भारत हिंदी प्रचार सभा में आजकल हिंदी के पाठ्यक्रमों में नामांकन हो रहा है। केरल से लेकर कश्मीर तक और कच्छ के रण से लेकर अरुणाचल तक हिंदी की स्वीकृति का एक बड़ा हिस्सा दिखाई दे रहा है। स्वतंत्रतापूर्वक बिना थोपे हुए हिंदी ने दुनिया भर में बाजार विकसित किया है और अपने लिए माँग पैदा की है। इसे सामने रखकर यदि त्रिभाषा सूत्र का उपयोग किया जाता है तो हिंदी बिना किसी भारतीय भाषा को अपदस्थ किए हुए आगे बढ़ेगी।

नई शिक्षा नीति के त्रिभाषा सूत्र को भाषा-नीति और अनुवाद-नीति के साथ-साथ भाषा प्रौद्योगिकी की दृष्टि से भी देखने की जरूरत है। शिक्षण, शोध, अनुसंधान, काम-काज और संप्रेषण की भाषा के विकल्प के रूप में हिंदी को मजबूत करने का कार्य भाषा-प्रौद्योगिकी के द्वारा होगा। ऐसे ही यह भी उल्लेखनीय है कि वर्तमान नीति, भाषा के साथ कला की बात कर रही है। इसमें भाषा के द्वारा कला और सांस्कृतिक संवर्धन का लक्ष्य है। यह लक्ष्य स्वाभाविक भी है, क्योंकि सांस्कृतिक बोध मातृभाषा में ही संभव है और जब भारतीय भाषाएँ विकसित होती हैं तो संस्कृति भी विकसित हो जाती है। भारतीय भाषाओं के बढ़ने के साथ, सांस्कृतिक बोध के बढ़ने के साथ इस देश के लोगों में एकत्व का भाव दृढ़तर होगा।

हिंदी आने वाले दिनों में इस देश की भाषा के रूप में विकसित होगी। यह एक स्वाभाविक प्रक्रिया होगी जिसमें किसी राजनीतिक प्रतिरोध के लिए कोई स्थान नहीं होगा। यह व्यक्ति की आवश्यकता, उसके समूह की आवश्यकता, उसके परिवेश की आवश्यकता और उसके राष्ट्र की आवश्यकता को पोषित करेगी। उदाहरण के लिए वर्ष 1990 में जिस पोरबंदर में एक भी

हिंदी भाषी नहीं था आज वहाँ बाजार में हर दुकानदार हिंदी बोलता है। वर्ष 1990 में जिस चेन्नई में रेलवे स्टेशन से बाहर निकलने के बाद टूटी-फूटी ही सही अंग्रेजी बोलनी ही पड़ती थी, वहाँ अब हिंदी में बोलकर आप काम चला सकते हैं। हिंदी को लेकर जन स्वीकृति का जो स्वरूप बन रहा है उसे शिक्षा में उतारना होगा। इसके लिए नई शिक्षा नीति में चुनाव मूलक स्वतंत्रता और आवश्यकता मूलक चुनाव की दृष्टि से भाषाओं को प्रस्तुत किया गया है। भारत की बहुभाषिकता को संवर्धित करते हुए हिंदी आने वाले दस से पंद्रह वर्षों में भारत सहित विश्वस्तर पर ज्ञान-विज्ञान और तकनीकी की भाषा के रूप में विकसित हो सकती है। इस रूप में जब हम देखेंगे तो यह तथ्य समझ में आता है कि त्रिभाषा सूत्र भाषाओं को विलग करने के स्थान पर उनमें लचीलापन किंतु, स्वतंत्र और सहज संबंध विकसित करने का एक मार्ग प्रस्तुत करता है।

11

स्थानीय भाषाएँ : लोकजीवन की प्रतिनिधि

भाषा का स्थानीय या वैश्विक होना संख्या अथवा भौगोलिक विस्तार का विषय नहीं है। इसके राजनीतिक और सांस्कृतिक निहितार्थ होते हैं। जनमानस ने अपनी सुविधा के अनुसार मान लिया है कि कुछ भाषाएँ स्थानीय हैं, कुछ ग्रामीण हैं, कुछ शहरी हैं, कुछ राज्यस्तरीय हैं, कुछ अखिल भारतीय हैं और कुछ वैश्विक हैं। ये वर्ग मनुष्य द्वारा भौगोलिक एवं सांस्कृतिक परिदृश्यों के आधार पर बनाए गए हैं। इनके आधार पर भाषाओं को अधिमान देना या उनकी प्राथमिकता सूची बनाना भाषा की मूल प्रकृति के विरुद्ध है। यदि भाषाएँ मनुष्य निर्मित हैं तो भी केवल इस आधार पर मनुष्य को यह अधिकार नहीं कि वह इन्हें नष्ट कर दे। यदि भाषाएँ मनुष्य निर्मित नहीं हैं, सहजात हैं, तो भी मनुष्य को कोई अधिकार नहीं है कि वह इनको स्थानीय और वैश्विक वर्ग में बाँधकर व्यवहार की सीमाएँ तय करे। इतना ही नहीं बल्कि मानव समाज ने इन भाषाओं को अपने स्वभाव के अनुसार किसी को वैज्ञानिक भाषा कहा है, किसी को धार्मिक भाषा कहा है, किसी को साहित्यिक, किसी को काव्यात्मक भाषा कहा है। किसी को कहा कि यह भाषा केवल वाचिक है। मानव समुदाय ने भाषा को विविध संज्ञाएँ दी हैं और परिभाषित किया है। भारतीय भाषाओं के संदर्भ में यह तथ्य विचारणीय है कि स्थानीय भाषाओं का क्या तात्पर्य है? स्थानीय भाषाओं को विरासत (हेरिटेज) के रूप में क्यों देखा जाना चाहिए? क्या स्थानीय भाषाएँ प्रतिष्ठित नहीं हैं? क्या ये जीवित एवं व्यवहार्य भाषाएँ नहीं हैं?

किसी जमाने में बुद्धिजीवी समाज ने कहा कि संस्कृत भाषा पूर्णतः मृतभाषा है, जबकि शिक्षा नीति-2020 स्पष्ट कह रही है कि भारतीय ज्ञान

परंपरा एवं सभी ज्ञान विधाओं को जानने के लिए संस्कृत एक महत्त्वपूर्ण भाषा है। सैम पित्रोदा की अध्यक्षता वाले ज्ञान आयोग ने भी कहा है कि भारत में अनेक प्रकार की भाषाएँ समुपलब्ध हैं। ये सभी भाषाएँ साहित्यिक-काव्यात्मक चेतना से लेकर जनजातियों की सांस्कृतिक चेतना तक का आधार हैं। इन भाषाओं में अपार ज्ञान भंडार है। इसे निकालकर बाहर लाना अति आवश्यक है। अतः स्थानीय भाषाएँ विरासत भी हों और ज्ञान विधाओं का आधार भी हों; ये दोनों एकसाथ कैसे संभव है? भाषाओं को विरासत कहने का तात्पर्य एक उदाहरण के द्वारा स्पष्ट है। मूर्तियाँ मंदिर और संग्रहालय दोनों में होती हैं लेकिन मंदिर में रखी मूर्तियाँ मनुष्य को स्पंदित करती हैं जबकि संग्रहालय में रखी मूर्तियाँ खूबसूरत एवं सुंदर होने के बाद भी हमें स्पंदित नहीं करती हैं। उनको देखकर हमें अपने पूर्वजों के मूर्ति शिल्प पर गर्व होता है। परंतु मंदिर में रखी अव्यवस्थित मूर्ति को भी देखकर हम स्वयं को जैसा स्पंदित अनुभव करते हैं वैसा अनुभव लॉस एंजलिस संग्रहालय में रखी नटराज की मूर्ति को भी देखकर नहीं होता है। यद्यपि यह दुनिया की उत्कृष्ट मूर्ति कला के उदाहरणों में से एक है। यही स्थिति भाषाओं के साथ है। जब हम विरासत के रूप में भाषाओं को देखते हैं तब ये हमारे लिए हर्ष और गौरव का विषय बन जाती हैं। वे हमको स्पंदित नहीं कर पाती हैं। इस दशा में भाषाएँ प्रयोजनमूलक होने के बजाय सामाजिक एवं सांस्कृतिक महत्त्व की प्रतीक बन कर रह जाती हैं। वे विरासत से जुड़ कर सीमित हो जाती हैं। भाषा अपने स्वरूप में हमेशा भाषा ही होती है। भाषा जब पुरातन होती है तब मर जाती है। उदाहरण के लिए अवेस्ता धार्मिक ग्रंथ की भाषा है। यह पवित्रता के नाम पर जीवित है, लेकिन व्यवहार में नहीं है। अर्थात् भाषा का व्यवहार में होना और हमारी भावनाओं को स्पंदित करते रहना व्यक्ति और भाषा दोनों को जीवन देता है। भारत देश में छोटे-छोटे गाँवों में बोले जाने वाली बहुत सी भाषाएँ हैं।

हमारे यहाँ बहुलता की स्वीकृति केवल धार्मिक आधार पर ही नहीं बल्कि भाषिक आधार पर भी रही है। यही कारण है कि भारत में बहुभाषिकता को ताकत के रूप में देखते हैं। भारत देश में बोले जाने वाली प्रत्येक भाषा प्रथमतः भारतीय है। भारत के अंदर इसके आधार पर ही मनुष्य की पहचान हो रही है। अब जैसे कोई तमिल है तो क्या वह भारतीय नहीं है? तमिल होने के बाद भी वह भारतीय है। यदि कोई मलयाली है तो क्या वह भारतीय नहीं है।

वस्तुतः तमिल और मलयाली दोनों भारतीय हैं। ग्रियर्सन के सर्वेक्षण के आधार पर हम मानते हैं कि भारत देश में 1800 से अधिक प्रयोज्य भाषाएँ, 2900 से अधिक भाषाएँ एवं 4000 उपभाषाएँ हैं। यह भारत के मूल स्वरूप को विभाजन करने की दृष्टि को उत्पन्न करता है। उदाहरण के लिए पूर्वी यूरोप में लिथुआनिया नामक छोटा-सा देश है। वहाँ पंद्रह लाख की आबादी है। वहाँ का जनसमाज अपनी भाषा में व्यवहार करता है। उनकी भाषा को स्थानीय भाषा या राष्ट्रीय भाषा कहेंगे क्या? लिथुआनिया देश का निर्माण इसलिए हुआ कि उसकी भाषा की स्वीकृति राष्ट्र व समाज के द्वारा प्रदान की जाती है। भारत में जब हम विरासत की बात करते हैं तब हम वस्तुतः भाषाओं का संग्रहालय बनाना चाहते हैं। इससे भाषाओं की उपस्थिति होगी लेकिन वे हमें स्पंदित नहीं कर पाएँगी। राष्ट्रीय शिक्षा नीति-2020 भाषाओं को विरासत बनाने के स्थान पर उन्हें जीवन का अंग बनाना चाहती है, भारत में जो भाषाएँ मर गई हैं उनको पुनर्जीवित करना चाहती है। भारत की वर्तमान राष्ट्रीय शिक्षा नीति जिन भाषाओं की शिक्षा देना चाहती है वह उनके द्वारा मनुष्य के निर्माण का उपक्रम चलाना चाहती है। वर्तमान राष्ट्रीय शिक्षा नीति में सभी भारतीय भाषाओं को शिक्षा प्रक्रिया में पूर्ण अवसर दिया गया है।

पचहत्तर वर्षों से लगातार कम संख्या के लोगों के द्वारा बोली जाने वाली भाषाएँ मिटती चली गईं। सबसे पहले उनकी लिपि मिट गई, उनका समाज मिट गया, फिर उनका बाजार मिट गया और अंत में भाषा समाप्त हो गई। इस प्रकार से भाषा विरासत मात्र बन जाती है। जम्मू-कश्मीर में सीना और नागालैण्ड में नागामी के साथ यही हुआ। 27-28 प्रकार के लोगों ने आपस में मिलकर एक संवाद की भाषा विकसित की। जिसको नागामी कहते हैं। राजनीति के कारण से यह राजभाषा नहीं बन सकी और वहाँ अंग्रेजी आ गई। अंततः यह लोकभाषा उपेक्षित हो गयी। अतः भाषाओं की महत्ता पर 'हेरिटेज' के संदर्भ में विचार करने की बजाय हमें उनके जीवन और लोक के साथ संबंध पर विचार करना होगा। स्थानीय स्तर पर जो भाषा बोली जाती है या जिसमें विचार किया जाता है, वह हेरिटेज भाषा कैसे हो सकती है? वह जीवंत भाषा है। भारतीय भाषाएँ भारत की ताकत हैं। इस ताकत को पहचानने की आवश्यकता है। अंग्रेजों ने सुनियोजित तरीके से भारतीय भाषाओं को कमतर दिखाया। उन्होंने कहा कि संस्कृत मृत भाषा है। अरबी आक्रमणकारियों की भाषा है।

हिंदी केवल संतों की भाषा है। इसमें केवल कहानी, कविता आदि की सर्जना की जा सकती है। इसके अतिरिक्त क्षेत्रीय स्तर या छोटे समूह में बोले जाने वाली भाषाओं को भी ज्ञान-विज्ञान और औपचारिक व्यवहार से बाहर कर दिया। केवल अंग्रेजी को उपयोगी भाषा बताया जो कि भारत के किसी भी हिस्से में या ग्रामीण अंचल क्षेत्र में नहीं बोली जाती थी। आज भी अंग्रेजी भाषा को बोलने वालों की संख्या तमिल से कम है। बावजूद इसके वह राजकाज की भाषा है। इसी कारण यह एक वर्चस्वशाली भाषा है। अंग्रेजों की नीतियों के कारण भारतीय भाषाओं के बीच की समरसता और बहुभाषिकता की स्वीकृति के प्रति संदेह पैदा हुआ जबकि भारत में भाषा, संस्कृति के निर्माण, मनुष्य के बलिदान और स्वाभिमान तथा जीवन का साधन रही है। इन सब कार्यों में स्थानीय भाषाओं का प्रयोग हुआ है। उनका महत्त्व सर्वस्वीकृत है। यहाँ ईश्वर की उपासना के लिए स्थानीय भाषाओं का प्रयोग किया जाता है। शाबर मंत्रों की भाषा, तमिल संतों की वाणी पूरे भारत के अंदर विशिष्टाद्वैत और भक्ति बोध के दार्शनिक सिद्धांतों के रूप में स्वीकृत रही है। हमारे यहाँ संतों ने स्थानीय भाषाओं में कविताएँ की हैं। यहाँ मुसलमान स्थानीय भाषा में कविता करता है और हिंदू परंपरा में वह पूजित होता है। भारत में भाषा का लोकोत्तर चरित्र है। उसका परंपरागत इतिहास है। उसे ज्ञान के विस्तार और ज्ञान की निर्मिति और विस्तार के लिए उपलब्ध साधन के रूप में देख सकते हैं। सभी स्थानीय भाषाओं में ऐसी पूरकता है जिससे भारत नाम के सांस्कृतिक राष्ट्र की निर्मिति होती है। हिमालय से लेकर कन्याकुमारी तक और कन्याकुमारी से लेकर कश्मीर तक संपूर्ण राष्ट्र एकता के सूत्र में बाँधता है। इसकी विविधताओं को स्वीकार करके राष्ट्रीय एकता सिद्ध होती है। राष्ट्रीय शिक्षा नीति-2020 में भाषा की इसी भूमिका को प्रतिष्ठित किया गया है।

12

विधि-शिक्षा और मातृभाषा

भारतीय स्वाधीनता आंदोलन के प्रारंभ से ही 'न्याय' एक महत्त्वपूर्ण विषय रहा है। हमारे स्वाधीनता संघर्ष का एक ध्येय यह भी रहा है कि प्रत्येक व्यक्ति को न्याय प्राप्त हो। न्याय आज भी विधि के क्षेत्र में अपरिभाष्य है। यदि यह पद अपरिभाषेय है तो इसका अनुभव होना चाहिए। अनुभव तभी होगा जब व्यक्ति अपने बोध की भाषा में उसको प्राप्त करेगा। कई विधि-आयोगों के समक्ष यह प्रश्न आया कि उच्चतम न्यायालय और उच्च न्यायालयों की भाषा भारतीय भाषाएँ होनी चाहिए। सुविधा और कार्यप्रणाली के चलन को बनाए रखने के लिए विधि के क्षेत्र में भारतीय भाषाओं का प्रवेश नहीं हो सका। फिर भी यह तथ्य स्पष्ट है कि न्याय का प्रश्न आमजन के लिए अधिक सर्वाधिक महत्त्वपूर्ण है। इसके लिए न्याय प्रणाली और विधि की प्रक्रिया में भारतीय भाषाओं को स्थान मिलना चाहिए। आज भी जब किसी आम जन को न्यायालय से निर्णय प्राप्त होता है तो वह उसे समझ नहीं पाता है। भाषा के स्तर पर, पूरी बहस में जिसके लिए न्याय की लड़ाई है उसकी कोई हिस्सेदारी नहीं होती है। इस कारण विधि के क्षेत्र में आम जन का अधिकार छिन जाता है। दुर्भाग्य है कि विधि के क्षेत्र में हमने जो व्यवस्था स्वीकार की है उसको बदलने के स्थान पर सुविधा के लिए यथास्थिति को लागू किए हुए हैं।

धीरे-धीरे आवश्यकता के अनुसार विधि-शिक्षा के क्षेत्र में भारतीय भाषाओं का प्रवेश हुआ लेकिन इसमें अंग्रेजी की अनिवार्यता को समाप्त नहीं किया गया। जबसे स्नातक स्तर पर विधि की संयुक्त प्रवेश परीक्षा विधि क्लैट (CLAT) के नाम से प्रारंभ हुई, तबसे भारतीय भाषाओं के विद्यार्थियों का प्रवेश उसमें लगभग असंभव हो गया। इस प्रवेश परीक्षा का माध्यम अंग्रेजी रखा गया।

इस कारण माध्यमिक स्तर पर जिन विद्यार्थियों ने हिंदी सहित अन्य भारतीय भाषाओं में शिक्षा अर्जित की है, उनके लिए भाषा की बाधा खड़ी हो गई। यह उनके साथ अन्याय है। शिक्षा में अवसर की समानता हो इसके लिए प्रत्येक व्यक्ति को प्रत्येक प्रकार की शिक्षा में, उसकी भाषा में प्रवेश प्राप्त करने का अधिकार होना चाहिए। व्यक्ति को उसकी भाषा में प्रवेश प्राप्त करने का अधिकार तभी प्राप्त होगा जब प्रवेश परीक्षा भारतीय भाषाओं में होगी। विडंबना यह है कि चिकित्सा, तकनीकी, अनुसंधान, उच्चतर अनुसंधान की अध्येतावृत्तियों के लिए आयोजित परीक्षाओं में भारतीय भाषाओं का स्थान है, किंतु विधि स्नातक बनने के लिए होने वाली इस प्रवेश परीक्षा में भारतीय भाषाओं में पढ़ने वाले विद्यार्थी के लिए पहले ही अवसर समाप्त कर दिए गए हैं।

उच्चतम न्यायालय और उच्च न्यायालय में हिंदी और भारतीय भाषाओं के लिए स्थान नहीं है तो स्वाभाविक है कि उसकी छाया विधि अध्ययन पर पड़ती है। इन उच्च संस्थानों के ही आदर्शों का अनुकरण निचले स्तर पर होता है। पर क्या ऐसा पूरी दुनिया में है? क्या पूरी दुनिया में विधि की पढ़ाई अंग्रेजी में होती है? नहीं। यह पढ़ाई मंडेरियन और हिब्रू में भी होती है। ये भाषाएँ 1950 में चीन और इजराइल में सरकारी कामकाज के लिए उदित हुई भाषाएँ हैं। इन देशों ने न्याय और मातृभाषा के महत्त्व को स्वीकार करते हुए अपनी-अपनी मातृभाषा में विधि की शिक्षा को सुनिश्चित किया। अपने यहाँ पहली बाधा तो प्रवेश की है, शिक्षा का प्रश्न तो दूर है। जब प्रवेश ही नहीं होगा तो शिक्षा का प्रश्न ही नहीं उठता है। प्रवेश की यह भाषाई बाधा संविधान की मूल भावना के विरुद्ध है। यह अवसर की समानता के विरुद्ध है। यदि भाषा भेद के आधार पर किसी भी नागरिक के अधिकारों में कटौती होती है, उसकी सीमा बाँध दी जाती है तो यह अवसर की समानता के सिद्धांत के विरुद्ध है। उदाहरण के लिए, जिसने बांग्ला में माध्यमिक शिक्षा प्राप्त की है उसे उच्च शिक्षा के लिए, यदि तमिल में परीक्षा देने के लिए बाध्य किया जाए तो यह न्याय नहीं होगा। तमिल, कन्नड़, तेलुगू, मलयालम, गुजराती, मराठी, बंगाली, नेपाली, पंजाबी और हिंदी आदि भाषाओं में जिसने माध्यमिक स्तर पर शिक्षा प्राप्त की है, ऐसे विद्यार्थियों को अगर बाध्य किया जाए कि अंग्रेजी में प्रवेश परीक्षा दें तो यह अन्याय है। न्याय की शिक्षा, न्याय के व्यवसाय की शिक्षा, एक अधिवक्ता के रूप में न्याय प्राप्ति में व सहयोगी

अधिकारी के रूप में जिसकी भूमिका बनने वाली है। ऐसे विद्यार्थियों की शिक्षा का प्रारंभ ही एक अन्याय बोध के साथ होता है। एक विशिष्ट प्रकार की भाषिक कुलीनता के बोध के साथ होता है। इन परिस्थितियों में विधि के पेशेवरों द्वारा किए गए यत्न समता की स्थिति पैदा नहीं कर सकते हैं। समाज में समरसता और समानता की स्थिति नहीं पैदा होती है तो स्वाभाविक है कि न्याय प्रभावित होगा।

इंग्लैंड में भी अंग्रेजी आरंभ से न्याय की भाषा नहीं रही है। वहाँ भी विधि-शिक्षा के क्षेत्र में अंग्रेजी का प्रयोग लैटिन के बाद आरंभ हुआ। विधिशास्त्र की दृष्टि से बीसवीं शताब्दी के प्रारंभिक वर्षों तक लैटिन ही स्वीकृत भाषा थी। उपनिवेशवाद के प्रसार के दौरान अंग्रेजों ने सभ्य मनुष्य की जो परिभाषा गढ़ी उसमें भाषा, कानून और साहित्य की समझ अंग्रेजी में अपेक्षित थी। भारत के अंदर भी सभ्य मनुष्य के यही मानक बन गए। हमने उसी भाषा में शिक्षा देते हुए सभ्य मनुष्य बनाने की अवधारणा को स्वीकार किया अर्थात् जो भारतीय भाषाओं में पढ़ रहे हैं उन्हें सभ्य नहीं बनाना है। इस प्रकार से हमारी विधि-शिक्षा प्रणाली लोक कल्याणकारी राज्य की अवधारणा के भी विरुद्ध जाती है। क्या कारण है कि जब उच्चतम तकनीकी की पढ़ाई और उसमें प्रवेश परीक्षाएँ भारतीय भाषाओं में हो सकती हैं, चिकित्सा विज्ञान की पढ़ाई और परीक्षा भारतीय भाषाओं में हो सकती है, समाज विज्ञान की भी हो सकती है तो विधि की क्यों नहीं हो सकती है? इसका कोई उत्तर नहीं है। यह केवल इस मनोवृत्ति का परिणाम है जिसमें विधि-शिक्षा को विशिष्ट लोगों के लिए, श्रेष्ठ वर्ग के लिए सुरक्षित बनाए रखने की कोशिश की जा रही है। विधि-शिक्षा के बारे में एक अन्य तथ्य रेखांकित करना आवश्यक है कि अवर न्यायालयों में काम-काज की भाषा हिंदी सहित भारतीय भाषाएँ होती हैं। उच्च न्यायालयों और उच्चतम न्यायालयों में अंग्रेजी का प्रयोग होता है। इस प्रकार से अवर न्यायालय, उच्च न्यायालय, उच्चतम न्यायालय का भाषा के आधार पर श्रेणीकरण हो गया है। विधि-शिक्षा प्राप्त मनुष्य को एक ही डिग्री के आधार पर, भाषा के आधार पर विधिक रूप से दो श्रेणियों में बाँट दिया गया। हमें यह समझने की आवश्यकता है कि अंग्रेजी एक भाषा है, वह सीखी जा सकती है। इसकी बाधा को आधार बनाकर युवाओं को विधि-शिक्षा के क्षेत्र में समानता के अवसर से वंचित करना न्यायसंगत नहीं है।

यदि समानता का अवसर उपलब्ध कराना है तो दो भाषाओं में से एक का चुनाव या 22 भाषाओं में से एक भाषा का चुनाव करने की अपेक्षा संविधान की अनुसूची में स्वीकृत सभी भारतीय भाषाओं में विधि की प्रवेश परीक्षाएँ आयोजित करना पहला कदम होगा। इससे विधि की पढ़ाई की इच्छा रखने वाले युवाओं को अवसर प्राप्त होगा। यह अवसर उपलब्ध कराना संविधानानुकूल है। यह अवसर भारत की आजादी के लिए लंबा संघर्ष करने वाले हमारे महान नेताओं के 'स्वराज' के स्वप्न को साकार करने की दिशा में महत्त्वपूर्ण कदम होगा। यह सुझाव केवल शिक्षण के माध्यम का नहीं है बल्कि युक्ति सम्मत और संविधान में प्रदत्त अधिकारों को उपलब्ध कराने के लिए है। संविधान द्वारा भारत-संघ के निर्धारित लक्ष्य—सबको न्याय, सबके लिए अवसर की समानता के सुनिश्चयन हेतु भारतीय भाषाओं में विधि की शिक्षा अनिवार्य है।

13

समावेशन द्वारा न्याय और अवसर की समानता

राष्ट्रीय शिक्षा नीति-2020 नए भारत के निर्माण का लक्ष्य लेकर चलती है। इसके लिए यह व्यक्तिगत और सामाजिक जीवन में विद्यार्थियों को सशक्त बनाने वाली शिक्षा का मार्ग दिखाती है। इस नीति की संस्तुतियों में विद्यार्थियों की व्यक्तिगत भिन्नता और आवश्यकता को संबोधित करना एक प्रमुख लक्ष्य है। इसके लिए न्याय और अवसर की समानता को सुनिश्चित करते हुए समावेशन के सिद्धांत को अपनाया गया है। शिक्षा की प्रत्येक बाधा को समाप्त करने का प्रयास किया गया है। इस शिक्षा नीति में विचार किया गया है कि किस प्रकार से अनुसूचित जाति, जनजाति और लड़कियों का समावेशन हो? कैसे भौगोलिक रूप से दूर-दराज के क्षेत्रों में निवास कर रहे बच्चों को अवसर मिले? कैसे दिव्यांग विद्यार्थियों को मौका मिले? इनके साथ-साथ ट्रांसजेंडर बच्चों का भी पूरा ध्यान रखा गया है। बच्चों के ये सभी वर्ग समाज के वे हिस्से हैं, जो सामाजिक जीवन की मुख्य धारा में आने के लिए लगातार प्रयासरत होने के बाद भी विविध प्रकार की सीमाओं और नीतिगत संकटों के कारण शिक्षा के अवसर से वंचित हैं। यह नीति इस तथ्य पर बल देती है कि एक श्रेष्ठ भारत की निर्मिति के लिए इन बच्चों की आवश्यकताओं को संबोधित करना अपरिहार्य है। इसी दृष्टि से शिक्षा नीति-2020 विशिष्ट विद्यार्थियों की शिक्षा के परिदृश्य को प्रस्तुत करती है।

यह शिक्षा नीति इस बात पर बल देती है कि समावेशी शिक्षा के लिए नई विद्यालयी संस्कृति के निर्माण की आवश्यकता है। वर्तमान विद्यालयी संस्कृति विद्यार्थियों का उत्कृष्ट, मध्यम और निम्न जैसे वर्गों में विभाजन करती है। तद्नुसार उनकी संज्ञानात्मक आवश्यकताओं को शिक्षण द्वारा पूर्ण करती है।

1986 की शिक्षा नीति में इसके लिए 'रेमीडियल इनपुट' (उपचारात्मक व्यवस्था) पर बल दिया गया। 1993 के बाद विशिष्ट शिक्षा पर विचार किया गया। लेकिन इसमें विशिष्ट आवश्यकता वाले बच्चों को मुख्यधारा से अलग कर शिक्षा देने का यत्न था। इससे सामान्य और विशिष्ट विद्यालय की अवधारणा पैदा हुई। यह शिक्षा नीति इस दृष्टि से महत्त्वपूर्ण है कि इसमें विद्यालयों का कोई ऐसा विभाजन नहीं है बल्कि विद्यालय की संस्कृति को समावेशी बनाने की प्रतिबद्धता है। नीति का स्पष्ट मानना है कि विद्यालय-संस्कृति को ठीक करके विविध प्रकार की नैसर्गिक, सामाजिक-आर्थिक सीमाओं के बावजूद विद्यालय में आ रहे विद्यार्थियों को गुणवत्तापूर्ण शिक्षा दी जा सकती है। इस तरह की शिक्षण संस्कृति की विशेषता हीनता के बजाय विविधता की सराहना और उनका समन्वयन है। इस प्रयास से न्याय पूर्ण अवसर का सिद्धांत स्वतः ही सिद्ध हो जाएगा। न्यायपूर्ण अवसर के सिद्धांत को अमर्त्य सेन द्वारा लिखी गई एक बहुत चर्चित कहानी द्वारा समझ सकते हैं। इस कहानी में तीन बच्चे एक बाँसुरी को लेकर झगड़ा कर रहे थे। एक समझदार आदमी वहाँ से जा रहा था। वह न्याय और समानता के आधार पर उनके झगड़े को सुलझाना चाहता था। वह झगड़े का कारण पूछता है। पहले बच्चे ने कहा मैंने बाँस काटा और उससे बाँसुरी बनाई, श्रम और संसाधन मेरा है इसलिए बाँसुरी पर मेरा अधिकार है। दूसरा बच्चा तर्क देता है कि बाँसुरी बनाई तो इसी ने है पर, बाँसुरी इसके लिए बेकार है, क्योंकि इसको बजाना नहीं आता है। मुझे बाँसुरी बजानी आती है, इसलिए बाँसुरी मुझे मिलनी चाहिए। तीसरा बच्चा कहता है कि यह सही है कि पहले ने बाँसुरी बनाई है। यह भी सही है दूसरे को बाँसुरी बजानी आता है। मुझे न तो बाँसुरी बनानी आती है न ही बजानी आती है लेकिन मेरे पास कोई खिलौना नहीं है। एक खिलौना मेरे पास होना चाहिए। इसलिए यह बाँसुरी मेरी है। न्याय का प्रश्न यहाँ पैदा होता है। संसाधन कम हैं, वितरण कैसे हो? यह प्रश्न समावेशन के संदर्भ में भी उठता है। जो बच्चे जन्मजात कारणों से समस्याग्रस्त हैं, क्या वे न्याय प्राप्त करने के अधिकारी नहीं हैं? क्या उन्हें वे सुविधाएँ नहीं मिलनी चाहिए जो अन्य को मिल रही हैं? इस दृष्टि से नई शिक्षा नीति एक ऐसी परिस्थिति निर्मित करती है जिसमें वह बच्चा जो न बाँसुरी बजाना जानता है, न ही उसे बाँसुरी बनानी आती है लेकिन वह इसी समाज का भाग है,

उसे भी बाँसुरी रूपी खिलौने को रखने और खिलौने से आनंद प्राप्त करने का अवसर प्राप्त हो। बाँसुरी उसके हाथों में बेकार की वस्तु न हो। यह शिक्षा नीति इस प्रकार के वर्ग पर विचार करते हुए ऐसी अधिगम संस्कृति की निर्मिति का पक्ष लेती है, जिसमें प्रत्येक विद्यार्थी अपनी श्रेष्ठतम क्षमताओं को साकार कर सशक्त बन सके। यह नीति सामाजिक न्याय को सुनिश्चित करते हुए प्रत्येक मनुष्य को समर्थ बनाने का लक्ष्य रखती है। उसे संतुष्टि और स्वाभिमान से जीवन जीने के योग्य बनाने का स्वप्न देखती है।

14

समाज विज्ञान और मानविकी की भारतीय दृष्टि

मानविकी व समाज विज्ञान के क्षेत्र में आधुनिक माना जाने वाला शोध औपनिवेशिक काल से आरंभ होता है। भारत में 1857 की क्रांति के प्रभाव को धूमिल करने के लिए और ब्रिटिश सत्ता को मजबूत करने के लिए भारत में अंग्रेजों द्वारा विश्वविद्यालय स्थापित किए गए। हम जिन अन्वेषण पद्धतियों को लेकर चले, उसमें भारतीय समाज की अपेक्षाएँ एवं आकांक्षाएँ नहीं थीं। वह पाश्चात्य दृष्टि पर आधारित एक बौद्धिक बहस मात्र थी। इसका दुष्परिणाम यह हुआ कि जो मूल प्रश्न समाज विज्ञान और मानविकी के क्षेत्र में उठने चाहिए थे, वे नहीं उठे। हमने मान लिया कि ज्ञान सृजन का पाश्चात्य मॉडल ही एकमात्र सर्वोच्च मॉडल है। इसके अंतर्गत ज्ञान को कला में और विज्ञान में बाँटा जा सकता है। विज्ञान का क्षेत्र भौतिकी, रसायन विज्ञान और जीव विज्ञान आदि से संबंधित है। दूसरी ओर मानविकी और सामाजिक विज्ञानों का क्षेत्र समाज और मनुष्य के संबंधों, संस्थाओं, संरचनाओं, आमोद-प्रमोद, साहित्य, संगीत इत्यादि से जुड़ा हुआ है। हमने यह मान लिया है कि मानविकी विद्याएँ और विज्ञान एक-दूसरे के नितांत विरुद्ध हैं। एक पूरी तरह से मानसिक बौद्धिक प्रक्रिया है और दूसरी पूरी तरह से मनुष्य की आनुभविक और व्यक्तिनिष्ठ प्रक्रिया है। एक पूर्णतः विषयी केंद्रित है और एक वस्तुनिष्ठ केंद्रित विषय है। एक में वस्तुनिष्ठ से तात्पर्य अपने से बाहर एक संसार है और एक में वस्तुनिष्ठ से तात्पर्य बाहर से मिलते हुए संसार के अनुरूप एक नए प्रकार का उत्पादन है, नई रचनाएँ हैं। लेकिन वस्तुतः दोनों वस्तुनिष्ठ हैं। समाज विज्ञान को हमने मृदु विज्ञान या सॉफ्ट साइंसेस की संज्ञा दी। यह मानवीय अंतःसंबंधों को समझाने की कोशिश हैं। यह वैज्ञानिक ज्ञान जितना ठोस नहीं हैं।

यदि हम समाज विज्ञान के नजरिए से देखें तो ज्ञान क्या है? ज्ञान किसको कहेंगे? इस पर कोई व्यापक चर्चा नहीं की गई है। बस उसे वैज्ञानिक ज्ञान जैसा बनाने की कसौटी रखी गई है। औद्योगिक क्रांति के बाद जो ज्ञान का संसार बना उसमें ज्ञानानुशासनों के नाम पर विभाजन किया गया। इन विभाजनों ने ज्ञान की समग्रता को भंग किया। वैज्ञानिक ज्ञान को श्रेष्ठ घोषित कर दिया, जबकि हमें प्रश्न पूछना चाहिए था कि क्या समाज विज्ञानों से जुड़ा प्रश्न वैसे ही है जैसे विज्ञान और गणित के प्रश्न हैं? क्या सामाजिक विज्ञान और मानविकी उसी प्रकार से विज्ञान है, जिस प्रकार से रसायन विज्ञान है? क्या जीव विज्ञान और भौतिक विज्ञान के बीच विज्ञान होने के नाते एकरूपता है? समाज विज्ञानों के क्षेत्र में देखें तो क्या समाजशास्त्र और अर्थशास्त्र एक ही बात कह रहे हैं? दोनों के अध्ययन का क्षेत्र मनुष्यों के अंतर्वैयक्तिक व्यवहार हैं, तो क्या इसके आधार पर उनको एक साँचे में रखा जा सकता है?

भारतीय संदर्भ समाज विज्ञानों का आरंभ और विकास तुलनात्मक अध्ययनों के रूप में हुआ। मानविकी के अध्ययन पर विचार करें तो, इसका अध्ययन तुलनात्मक भाषा विज्ञान के आधार पर करने की कोशिश की गई। यह कोशिश इसलिए थी कि 'कारवां आता गया हिंदुस्तान बसता गया', इस अवधारणा को बताया जा सके। वस्तुतः यह एक बौद्धिक आक्रमण था जिसने भारत के अंदर आकर, भारतीय न होते हुए भी, भारत पर शासन करने का अधिकार अंग्रेजों को अवसर दिया। यूरोप के चार-पाँच सौ वर्षों का इतिहास देखें तो एक ढाँचा दिखाई पड़ता है। कैथोलिक और प्रोटेस्टेंट युद्ध के आधार पर वहाँ का समाज विज्ञान विकसित होता है। यूरोप के सभी विकसित विश्वविद्यालय जो उस काल खंड (जो 200-400 वर्षों के मध्य) में प्रारंभ हुए थे, वे वस्तुतः चर्च और राज्य के मध्य हुए युद्ध के परिणाम थे। कहीं चर्च ने अपने विश्वविद्यालय निर्मित किए और अपना ज्ञान निर्मित करने की कोशिश की तो कहीं राज्य ने विश्वविद्यालयों की निर्मिति की और अपना ज्ञान संसार विकसित करने की कोशिश की। इसका प्रभाव ब्रिटिशकालीन भारत पर भी पड़ा। भारत के अंदर वे सभी औपचारिक ज्ञान, चाहे चर्च से आने वाली ज्ञान परंपरा से संबंधित हो या राज्य की ओर से आने वाली ज्ञान परंपरा से, दोनों ज्ञान परंपराएँ भारत को पराधीन सिद्ध करती हैं। इस प्रकार के 'वाइट्समैन बर्डन' के आधार पर भारत में समाज विज्ञानों का विकास हुआ।

इस तरह के समाज विज्ञान ने एक विशेष प्रकार के आख्यान को खड़ा किया। भारतीय संदर्भ में तीन-चार सौ वर्षों का जो सामाजिक-सांस्कृतिक अध्ययन है उसमें हम अपने को दूसरों की आँखों से देखना चाहते थे। भारत की कला, साहित्य, सांस्कृतिक विद्याओं, समाज विज्ञान आदि को यूरोप के बरअक्स देखा गया। हमें इस दृष्टि की समीक्षा करनी चाहिए। बिना समीक्षा के हम स्वीकार नहीं कर सकते हैं कि इतिहास का अंत हो गया है या समाज का विखंडन हो गया है। मैं बल देना चाहता हूँ कि औद्योगिक क्रांति के बाद, पुनर्जागरण के बाद, विश्व विजय के अभियान की समग्र प्राप्ति के बाद, 'क्लैशेज़ ऑफ सिविलाइजेशन' की अवधारणा के आधार पर पूरी दुनिया में प्रत्यक्ष युद्ध और अप्रत्यक्ष युद्ध के द्वारा गोरे लोगों के वैश्विक विजय की उद्घोषणा के बाद विकसित हुआ, सामाजिक विज्ञान भारतीय नहीं हो सकता है।

मनुष्य को एक यंत्र बना कर, उसको केवल उत्पादक व्यक्ति बनाकर और उसकी क्षमताओं का मशीन की क्षमताओं की तरह उपयोग करने की जो सभ्यता निर्मित हुई है, वह ज्ञान को केवल संसाधन बनाने की भूमिका में देखती है; जबकि हमें समाज विज्ञान द्वारा समाज को समझना है। समाज के घटकों को समझना है, समाज की निर्मिति के आधारों को समझना है, और उन निर्मिति के आधारों को समझते हुए किसी अपेक्षा-आकांक्षा के साथ, जो सांस्कृतिक समूह विकसित होता है वह सांस्कृतिक समूह किस रूप में आगे बढ़ सकता है, इसका विचार करने की आवश्यकता है। हमने तो इसके विपरीत आख्यान को वास्तविकता मान लिया। भारतीय समाज को ऐसा समाज बताया गया, जिसका कोई अपना आधार नहीं है। यह कार्य तुलनात्मक भाषा विज्ञान के द्वारा आरंभ किया गया जो मानविकी का एक महत्त्वपूर्ण हिस्सा है। यदि भाषा नहीं है, भाषा में अभिव्यक्त होने वाली ज्ञान राशि नहीं है और भाषा में अभिव्यक्त होने वाली संवेदनाएँ नहीं हैं और उस अभिव्यक्ति को समझने के लिए भाषा का एक विशेष प्रकार का अनुशासन नहीं है तो अंतर्वैयक्तिक संबंध स्थापित नहीं हो सकते, अंतःसांस्कृतिक समूह स्थापित नहीं हो सकते और एक संस्कृति की निर्मिति भी नहीं हो सकती। संस्कृति की निर्मिति का आधार भाषा है। दुनिया में कोई भी ऐसा देश नहीं है जो भाषा को मनुष्य और समाज के निर्माण का कारण न माने। सभी ने उसकी ताकत को माना है। सीमाओं को भी पहचाना है। आज भी भाषिक समाजशास्त्र के आधार पर

समाज को समझने की कोशिश की जा रही है। चॉमस्की जैसे विचारकों को तो दुनिया में बड़ा मूल्य दिया गया लेकिन भारत में इसका ठीक उलटा क्यों हुआ? इसे ज्ञान की राजनीति और वर्चस्व के उदाहरण द्वारा समझते हैं। पहले भाषा विज्ञान के क्षेत्र में यह स्वीकृति दी गई कि संस्कृत बड़ी अच्छी भाषा है, बड़ी क्षमतावान भाषा है। फिर कहा गया कि संस्कृत असली भाषा नहीं है। असली भाषा वह है जो इंडो-जर्मन परिवार की है, इंडो-यूरोपियन परिवार की है। भारत के अंदर जिस संस्कृत भाषा का विकास हुआ है वह इंडो-यूरोपियन परिवार की भाषा है। इसके आधार पर सिद्ध किया गया कि यूरोप से पश्चिम एशिया और मध्य एशिया से एक बड़ा समूह भारत के अन्दर आया, उसने भारत पर कब्जा किया। यहाँ की सभ्यता की मूल जातियों (द्रविड़ जातियों) को भगाकर दक्षिण भारत में भेज दिया। किंतु, जब यह सवाल खड़ा हुआ कि उत्तर भारत के आर्यों और दक्षिण भारत के द्रविड़ के विभाजन के बीच मध्य भारत के अंदर एक ऐसी जाति है जिसमें इन दोनों के गुण समान दिखाई देते हैं तो कहा गया कि मध्य क्षेत्र में एक तीसरी एस्ट्रोएशियन जाति है। इस प्रकार से भाषा को भी द्रविड़ियन भाषा, एस्ट्रोएशियन भाषा, आर्यन भाषा इत्यादि आधारों पर बाँटने की कोशिश की गई है। बताया गया कि संस्कृत भाषा भारत में बाहर से आई है। इसी आधे-अधूरे आख्यान से समाज विज्ञान निर्मित होता है और इसी से इतिहास भी निर्मित होता है और इसी के आधार पर संपूर्ण मानविकी विद्याएँ भी निर्मित होती हैं। आख्यान गढ़ा गया कि आर्यों ने द्रविड़ों को भगाया और शासन किया। द्रविड़ों को दस्यु कहा गया है। आर्य भारत के बाहर से आये इसका कोई आधार नहीं था, कोई परिणाम नहीं था। यह कहने वाले गोरे लोगों की संख्या ज्यादा थी। इस गोरे वर्ग के समर्थन में कुछ भारतीय भी आए, एक ऐसे किस्म का परिवेश बना कि मानो यदि आप इसे समर्थन नहीं देते तो आप कुछ जानते नहीं हैं। यदि आप इसको मानते हो तो वास्तव में आप भारत को जानते हो। हमारे सामने चुनौती है कि मानविकी और सामाजिक विज्ञान की विद्याओं के माध्यम से भारत को मानना, भारत को जानना और भारत को बनाना है। यहाँ मेरा तात्पर्य उन लोगों के मानने से है जिन्होंने विश्वविद्यालयी शिक्षा प्राप्त की है, जिन्होंने अनुसंधान के क्षेत्र में, नैरेटिव निर्माण के क्षेत्र में कोई योगदान दिया है।

जब आप प्रश्न पूछते हैं कि भारतीय समाज किन आस्थाओं, किन मान्यताओं, किस ज्ञान प्रक्रिया को स्वीकार करते हुए बनता है तब हमें बताया जाता है कि इन प्रश्नों के जवाब के लिए इतिहास-लेखन आवश्यक है और भारतीयों को इतिहास लिखना ही नहीं आता था। लेकिन वास्तविकता क्या है? सत्य यह है कि सत्रहवीं-अठारहवीं सदी तक यूरोपियों को इतिहास लिखना नहीं आता था। हेरोडोटस, जिसे इतिहास का पिता कहा जाता है, की पुस्तक 'हिस्टोरिका' वास्तव में इतिहास की पुस्तक नहीं है। उसमें इतिहास के स्रोतों की चर्चा नहीं। उसमें इतिहास-लेखन कैसे किया जाना चाहिए इसकी चर्चा नहीं है। आखिर इतिहास के क्षेत्र में 'राजतरंगिणी' को लेकर अनुसंधान क्यों नहीं होते हैं? कहा जाता है कि भारतीयों को काल गणना नहीं आती थी। दुनिया में और कोई समूह या सांस्कृतिक समाज नहीं है जो प्रतिदिन सुबह-सुबह कैलेंडर पलटता हो। जो सृष्टि के प्रारंभ से लेकर इस समय तक के काल खंड तक का प्रत्येक कार्य में स्मरण करता हो। जो एक साथ इतिहास और भूगोल दोनों का स्मरण करता हो, जो काल का स्मरण करता हो और स्थान का स्मरण करता हो, जो स्थान-समय सातत्य की चर्चा करता हो। स्थान-समय सातत्य से संसार बनता है, जब इस बात को इमैनुअल कांट कहता है तो पश्चिम में इसे एक क्रांति माना जाता है। जबकि भारतीय समाज के रोज के व्यवहार में स्थान-समय सातत्य है और स्थान-समय सातत्य के आधार पर विश्व निर्मित होता है, विश्व दृष्टि निर्मित होती है। भारतीय समाज ने इसको रोज के व्यवहार में उतारा है। इसकी सतत धारा कम से कम दो हजार वर्षों से तो दिख रही है।

सामाजिक विज्ञान और मानविकी के क्षेत्र में भारतीयकरण एक बहुत बड़ी चुनौती है। हमने एक ऐसा यूरोसेंट्रिक दृष्टिकोण निर्मित कर रखा है जिससे मुक्ति का रास्ता भारत के विश्वविद्यालयों को देखना पड़ेगा। ये विधाएँ इतनी यूरोपकेंद्रित हैं कि इनसे एक झटके में मुक्ति नहीं पाई जा सकती है। उदाहरण के लिए समाजशास्त्र के क्षेत्र में विचार करें। समाज जिन आधारों पर चलता है वह अंतर्वैयक्तिक संबंध है। जबकि हम समाज को समझने के लिए पृथक्करण सिद्धांत को अपना आधार बना रहे हैं। इसके लिए वर्ण, आश्रम आदि संकल्पनाओं को देख सकते हैं। इनके आधार पर हम समाज को वर्गीकृत करते हैं लेकिन ये पूर्ण के अंश ही हैं। हम एकीकरण के सिद्धांत

की चर्चा ही नहीं करते हैं। बाद के दिनों में 'संस्कृतिकरण' की अवधारणा विकसित हुई। माना गया कि भारतीय समाज को समझने के लिए एक अचूक रास्ता निकाल लिया गया है। इस सिद्धांत में कहा गया कि समाज में तथाकथित रूप से नीचे समझे जाने वाली जातियाँ, प्रभु जातियों का अनुसरण करती हैं। माना गया कि कुछ प्रभु-जातियाँ होती हैं। अब जरा मानवविज्ञान के क्षेत्र में देखें। भारत में आदिवासी हैं, लेकिन ये आदिवासी कौन हैं? यह अभी तक अपरिभाषित है। विश्वस्तर पर भी व्याख्यायित नहीं किया जा सका है कि आदिवासी किसे कहेंगे? कुछ को अनुसूची में सूचीबद्ध कर दिया और कहा कि ये शेड्यूल ट्राइब्स हैं। ये कैसे होते हैं? ये भाँति-भाँति प्रकार के होते हैं। कुछ घुमंतू जातियाँ हैं, कुछ शिकारी जातियाँ हैं। नागालैंड में हेड हंटर हैं। हेड हंटर होने का मतलब क्या होता है? हेड हंटर मतलब, देखते ही किसी का सर कलम कर देने वाली जाति। क्या यह सत्य है? यह सत्य है कि युद्ध में शौर्य का प्रदर्शन करना उस जनजाति का स्वभाव था। जिसने शत्रु के जितने ही सर काटे हैं वह उतना ही पराक्रमी है। फिर तो जो एंग्लोसेक्शन जाति है जिसने पूरे अमेरिका महाद्वीप में करोड़ों-करोड़ सर काटे, वे सबसे बड़े हेड हंटर हैं। फिर क्या कहा, कुछ जातियाँ अपराधिक हैं। वस्तुतः ऐसा संभव नहीं है। कोई समाज बनेगा अपराध के साथ और अपराध करना ही उसकी प्रवृत्ति होगी क्या? घर में बच्चे को अपराध करने का प्रशिक्षण दिया जाएगा क्या? पर हमें समाज को इसी रूप में समझाने की कोशिश की गई। जातियों के आधार पर मनुष्य का स्वभाव निर्धारित करने की कोशिश की गई। देश भर में निकाले गए तमाम गजेटियर जो भारतीय समाज को समझाने की कोशिश कर रहे थे उन्होंने इसी को परिभाषित किया। कभी समाज विज्ञान के क्षेत्र में कार्य करने वाले लोग अपने गाँव के इतिहास की खोज करते हैं क्या? उपनिवेशवाद के प्रभाव में पाश्चात्य दृष्टि से जो आख्यान गढ़ा गया, हमने उसी आख्यान को यथार्थ मान लिया। भारतीय समाज को समझने के लिए यूरोपीय मूल्यों के आधार पर, यूरोपीय मानकों के आधार पर अध्ययन संभव नहीं है। दुनिया की सभी महान सभ्यताओं ने अपने को समझाने के लिए अपने उपकरणों का विकास किया। यूरोप के अंदर ब्रिटेन के समाज को समझने के लिए जो उपकरण विकसित हुए थे, उसको फ्रांस ने आधार नहीं माना है, जर्मनी ने आधार नहीं माना है। उनकी अपनी समाज विज्ञान की दृष्टि है।

और मजेदार बात क्या है कि आज भी यूरोप की दो प्रकार के पासे फेंकने की आदत गई नहीं है। अंत में समाज विज्ञान के क्षेत्र में, मानविकी के क्षेत्र में दो बड़ी महत्त्वपूर्ण अवधारणाएँ आज भी चर्चा में हैं। उन दो महत्त्वपूर्ण अवधारणाओं की चर्चा करना आवश्यक है। एक ओर उत्तर-आधुनिकता की अवधारणा है, दूसरी तरफ 'न्यू वर्ल्ड आर्डर' की अवधारणा है। इन दोनों के संश्लेषण द्वारा 'हू आर वी' में एक नए प्रकार की अमेरिकी पहचान की अवधारणा विकसित हुई है। एक आधुनिकता के द्वारा 'महान' समाज विश्व व्यवस्था के निर्मिति की बात करता है तो दूसरा आधुनिकता के खात्मे की बात करता है। एक नितांत वैयक्तिकता का कालखंड है, जहाँ समाज नाम की कोई व्यवस्था नहीं है। केवल इंडिविजुअल और स्टेट है। इस अवधारणा की मान्यता है कि संस्कृतियों में, सभ्यताओं में, समाज में संघर्ष हो रहा है। चार-पाँच प्रकार की सभ्यताएँ आपस में लड़ेंगी और अंततः पश्चिमी सभ्यता दुनिया की एकमात्र सभ्यता के रूप में विकसित होगी। वहीं दूसरा विखंडन के द्वारा समाज, व्यक्ति और अर्थव्यवस्था को समझना चाहता है।

विज्ञान और तकनीकी के क्षेत्र में भारतीय लोगों का योगदान अप्रतिम रहा है। आज भी कोरोना महामारी से लड़ते हुए भारतीयों ने यह बताया है कि हम किस प्रकार से हथियारविहीन होते हुए भी इस अदृश्य शक्ति का मुकाबला कर सकते हैं। कोरोना के बाद जो सभ्यता निर्मित होने वाली है वह दुनिया के लिए एक बड़ी चुनौती है। इस नई सभ्यता के सामने अनेक समस्याएँ होंगी। इन समस्याओं के समाधान हेतु भारतीय युवाओं को आगे आना होगा। भारतीय युवाओं को इस समय जगदीश चंद्र बसु, सी. वी. रमन, हरगोविंद खुराना, चंद्रशेखर सुब्रमण्यम् आदि को याद करना होगा। अपनी प्राचीन भारतीय परंपरा के उन आदर्शों को आधार बनाना होगा, जिन्होंने दुनिया की सोच को बदला है, दुनिया की दृष्टि को बदला है। इसके लिए हमें 'भारत' पर विश्वास करना होगा, 'भारत' को मानना होगा और 'भारत' को भारतीय दृष्टि से जानना होगा। हमें यूरोपीय चश्मे के आधार पर 'भारत' की व्याख्या करने की आदत छोड़नी होगी तभी हम भविष्य के भारत का निर्माण कर पाएँगे और इस तरह से भारतीय होने का दायित्व निभा पाएँगे। जब हम भारत के बनेंगे तो स्वाभाविक रूप से भारत को बनाने वाले होंगे। इसके लिए हमें यह भी ध्यान रखना होगा कि

जो अनुसंधान केवल गप्प पैदा कर सकता है, केवल आख्यानों का निर्माण कर सकता है, केवल कथाओं की निर्मिति कर सकता है, उस आख्यान से समाज विज्ञान को बाहर निकलते हुए, भारतीय समाज विज्ञान, स्वदेशी समाज विज्ञान, भविष्योन्मुखी समाज विज्ञान के विकास में योगदान करना प्रत्येक अध्येता का दायित्व है।

15

राष्ट्रीय शिक्षा नीति-2020 : क्रियान्वयन के सूत्र

राष्ट्रीय शिक्षा नीति-2020 के आधार पर हमें हिंदी और भारतीय भाषाओं के साथ-साथ सामाजिक-सांस्कृतिक अध्ययन के विद्यास्थानों को भारत केंद्रित दृष्टि के अनुरूप तैयार करना है। इस नीति में भाषा, दर्शन और शोध को लेकर जो अपेक्षाएँ हैं, हम उसे साकार करने में समर्थ हैं। राष्ट्रीय शिक्षा नीति-2020 के अनुरूप विश्वविद्यालयों को विभिन्न पाठ्यक्रमों की संरचना, शिक्षण विधि एवं शोध की भावी योजना का विकास करना चाहिए। इस योजना का विकास करते हुए हमें भारतीय परिप्रेक्ष्य का ध्यान रखना है। शिक्षा नीति में जो सुझाव दिए गए हैं उनके आलोक में हमें तैयारी करनी है। हमें नीति के अनुसार अपेक्षित बदलावों और उन्हें क्रियान्वित करने के सूत्रों को पहचानना है। हमें अपनी योजना बनाते समय विभिन्न आयामों पर ध्यान रखना होगा।

प्रायः हम पाठ्यचर्या का विकास करते हुए एक वृहद् क्षेत्र चुन लेते हैं। हमें ध्यान रखना चाहिए कि प्रत्येक अध्ययन कार्यक्रम में ज्ञानानुशासन की प्रकृति की दृष्टि से गहराई हो। पाठ्यक्रम को रोजगारपरक बनाने के ध्येय से ज्ञान का हिस्सा कमजोर न हो जाए। इसके साथ हमें यह ध्यान रखना होगा कि हमारा पाठ्यक्रम अन्य विश्वविद्यालयों के समतुल्य हो। पाठ्यक्रम में विविधता लाने के लिए वैकल्पिक पाठ्यक्रमों की संख्या बढ़ाई जा सकती है। यह विचार करना होगा कि अनिवार्य/कोर हिस्सा ज्ञानानुशासन को मजबूत करें। हमें 'कैफेटेरिया अप्रोच' का पालन करना है, जिसके अंतर्गत चुनाव की संभावना अधिक होगी, लेकिन ज्ञानानुशासन का आधार भी मजबूत होगा। हम कोई एक प्रारूप नहीं बना सकते हैं। हमें अपने विद्यास्थान या ज्ञानानुशासन

के अनुसार अपने विषय का प्रारूप बनाना चाहिए, तभी हम विषय, विद्यार्थी और बहुअनुशासनात्मकता के बीच समंजन कर पाएँगे।

हमारे उच्च शिक्षा संस्थानों में मानविकी और सामाजिक विज्ञानों के अंतर्गत तुलनात्मक अध्ययन का चलन है। उदाहरण के लिए हम तुलनात्मक साहित्य विषय में दो साहित्यों की तुलना करते हैं, या दो साहित्यकारों की तुलना करते हैं। यह अनुचित है। दो कविताओं की तुलना नहीं हो सकती, किन्हीं भी दो कलाओं की तुलना नहीं हो सकती। सृजनात्मक कार्य के क्षेत्र में तुलना का तात्पर्य दो सृजनात्मक गतिविधियों की तुलना नहीं है अपितु इसके माध्यम से सांस्कृतिक समूहों को समझने का प्रयत्न करना है। यह तथ्य तुलनात्मक दर्शन और तुलनात्मक साहित्य के बारे में भी लागू होता है। तुलनात्मक साहित्य के दो भाग चयनित किए गए हैं–तुलनात्मक भाषा विज्ञान और तुलनात्मक दर्शन। ये सब के सब भारतीय परिप्रेक्ष्य में उपजे हुए हैं। यह 'भारोपीय संघात' से उपजे हुए हैं। भारत के संदर्भ में यदि तुलनात्मक अध्ययन की बात करें तो भारतीय साहित्य और चिंतन में तुलनाएँ नहीं होंगी। उदाहरण के लिए म.गा.अं.हि.वि. से तुलनात्मक साहित्य कोश का जो प्रकाशन हुआ है उसमें तुलनात्मक प्रवृत्ति के शोध कार्यों का सार संक्षेप है। इसमें साहित्यिक प्रवृत्तियों की, विधाओं की तुलना होनी चाहिए। अब वैश्विक साहित्य के परिप्रेक्ष्य में अगर नाट्यशास्त्र का उदाहरण लें तो जमीन-आसमान का अंतर है। पाश्चात्य नाट्यशास्त्र में दुखांतता को नाटक का आदर्श और भारतीय नाट्यशास्त्र में सुखांतता को आदर्श माना गया है। जब पाश्चात्य जगत् में इसका अनुवाद होता है तो वे सुखांतता को हास्य समझ लेते हैं। यह अर्थ-विभेद विभिन्न जीवन प्रणाली और सांस्कृतिक वैशिष्ट्य के कारण है। तुलनात्मक अध्ययन का कारण केवल समानताओं की खोज ही नहीं है अपितु उन कारणों का अन्वेषण भी है जिनके कारण दो सांस्कृतिक समूह एक ही बिंदु पर भिन्न-भिन्न प्रकार से सोचते हैं या क्रियाएँ करते हैं। यूरोपीय प्रभाव में जिस तुलनात्मक साहित्य का विकास हुआ, वह केवल समानताओं पर केंद्रित था क्योंकि उनको यह साबित करना था कि वे भले ही विदेशी हैं लेकिन वैचारिक रूप से समान हैं। जब वे पूरी तरह से काबिज हो गए तो उन्होंने कहा कि 'ईस्ट इज ईस्ट, वेस्ट इज वेस्ट' दोनों कभी मिल नहीं सकते। यह उनकी सांस्कृतिक वर्चस्वता (कल्चरल हेजेमनी) को बनाए रखने की प्रवृत्ति है। यह तुलनात्मक अध्ययन

की विधि नहीं है। इसीलिए हमें तुलनात्मक अध्ययन की विधियों, प्रवृत्तियों और पद्धतियों के उत्पत्ति के कारणों को समझने की आवश्यकता है। अगर दो प्रवृत्तियाँ विकसित हो रही हैं तो उनके विकास के कारणों—सामाजिक, सांस्कृतिक, आर्थिक, राजनीतिक कारकों और विमर्शों को समझना तुलनात्मक अध्ययन में शामिल है। इन सबको समझते हुए एक विशेष साहित्य, एक विशेष प्रकार के सांस्कृतिक परिप्रेक्ष्य में अपने समूचे वैशिष्ट्य के साथ क्यों विकसित होता है? यदि इसका अध्यापन नहीं करते हैं तो हम वणिक का व्यापार कर रहे हैं, जिसमें हम तुला के ऊपर पाश्चात्य और भारतीय साहित्य दोनों को संतुलित करने का निरर्थक प्रयास मात्र कर रहे हैं जो दोनों के विकास के कारणों और प्रवृत्तियों को समझे बिना करना उचित नहीं है। इस सीमित उद्यम के स्थान पर कोई प्रवृत्ति क्यों विकसित होती है? इसके क्या कारण हैं? इस पर ध्यान केंद्रित करने की आवश्यकता है। यही तुलनात्मक भाषा विज्ञान के क्षेत्र में है। आजकल जिसे हिस्टोरिकल लिंग्विस्टिक्स कहा जाता है, वह पूरा का पूरा वस्तुतः भारतीय और यूरोपीय भाषाओं का संघात है। वर्तमान में भाषाओं का ध्वनि तथा संरचनात्मक समानता के आधार पर अध्ययन करते हैं। इस दृष्टि से द्रविड़ और आर्य भाषाओं के बीच में समानता क्यों नहीं देखी जाती? इनके बीच में विभेद ही क्यों देखा जाता है? और क्यों केवल इंडो-इरानियन एवं इंडो-यूरोपियन समूहों में समानता देखी जाती है? एक तरफ केवल भेद देखा गया और दूसरी तरफ केवल समानताएँ देखी जाती हैं। भाषा एक है, वह विविध रूपों में विकसित हुई, यह भारतीय भाषा विज्ञान का मूल प्रतिपाद्य है। भाषा विज्ञान में भाषाओं के विकास, परिवर्तन और विचलन को हमें भारतीय भाषा विज्ञान की दृष्टि से देखना पड़ेगा। यदि हमें वैश्विक संदर्भों में तुलना करनी है तो देखना है कि हम केवल यूरोपियन साहित्य के साथ जुड़कर न रह जाएँ, भारत के पूरब में भी साहित्य की वृहद् परंपरा है। अनेकों ऐसी महान परंपराएँ हैं, जिनके साथ हमारा परिचय नहीं है। उदाहरण के लिए हम इंडोनेशिया, चीन, कंबोडिया, लाओस, मलेशिया, मंगोलिया में विकसित हुई परंपराओं से परिचित नहीं हैं। भारतीय साहित्य को बार-बार एकांगी रूप से यूरोपियन संदर्भों और मानकों में देखने की कोशिश कर रहे हैं। तुलनात्मक वैश्विक साहित्य में हमें इस प्रकार के सूत्रों और अध्ययन विधि का विकास अवश्य करना पड़ेगा कि तुलना का तात्पर्य भारत को केंद्र में रख

कर वैश्विक साहित्य को समझा जा सके। भारत के अंदर जो विविध भाषाओं का साहित्य है, उसे भारत के मूल उत्स, भारतीयता की मूल भूमि पर समझने की आवश्यकता है। आश्चर्यजनक रूप से भारत की भाषाओं के बीच हमें कुछ भी साझा नहीं दिखता और भारत के बाहर सुदूर यूरोप की भाषाओं के साथ हमें साहित्य में साझापन बहुत दिखाई पड़ता है तथा हम इतने अभिभूत हो जाते हैं कि उसी प्रकार के साहित्य सृजित करने का मन बना लेते हैं। इससे एक गौरवशाली भारतीय मन का निर्माण नहीं हो सकता, जो दुनिया को गर्व के साथ प्रत्युत्तर दे सके। इसी प्रकार की स्थिति दर्शन में भी है। यही वह सूत्र है जिसके अनुसार वस्तुस्थिति को समझे जाने की आवश्यकता है। हमें ध्यान रखना होगा कि सृजन मूल्यनिरपेक्ष नहीं हो सकता है, वह मूल्य-मीमांसा की पृष्ठभूमि पर ही हो सकता है। तुलनात्मक साहित्य का तात्पर्य सृजनात्मक गतिविधियों के तुलनात्मक अध्ययन की विधि व स्वरूप तथा संभावनाओं की खोज है। इसके साथ हमें यह विचार करने की आवश्यकता है कि भाषा के क्षेत्र में सूचना प्रौद्योगिकी के प्रयोग से इस विषय को कैसे समृद्ध करें। हमें प्राकृतिक भाषा और मशीन लैंग्वेज की बीच की दूरी को कम करने पर विचार करना है। इस लक्ष्य को सामने रखते हुए हमें भाषा एवं प्रौद्योगिकी से जुड़े अध्ययन कार्यक्रमों में पाठ्यचर्या का विकास करना चाहिए।

समाज विज्ञान से संबंधित विषयों के बारे में हमें कुछ तथ्यों को ध्यान में रखना होगा। इन विषयों की पाठ्यचर्या को बहुअनुशासनात्मकता के ढाँचे में बनाना होगा। इनमें स्थानीय जरूरतों को शामिल करना होगा। इसके साथ मूल्यों और संस्कृतिपरकता का भी ध्यान रखना आवश्यक है। अंततः इन्हें रोजगारोन्मुख कौशलों से युक्त करना होगा। सामाजिक विज्ञानों के सामने सबसे बड़ी चुनौती है कि कैसे वे भारत केंद्रित समाज विज्ञान बने? इसके लिए हमें सबसे पहले तुलनात्मक विधि से बाहर निकलना होगा और विचारों के इतिहास को समय के सातत्य में देखना होगा। जो सिद्धांत एवं विचार जिस कालानुक्रम में विकसित होते हैं, उसी कालानुक्रम में ही उनके विकास को दिखाया जाना सर्वोत्तम तरीका है, क्योंकि जब हम सामाजिक विज्ञान के क्षेत्र में तुलनात्मक पद्धति का प्रयोग करते हैं तो संदर्भ के रूप में हमेशा पश्चिमी संप्रत्यय आ जाते हैं और हम इसकी तुलना भारतीय संप्रत्ययों से करने लगते हैं। सामाजिक विज्ञान का यह उपागम भारतीय संदर्भ में हानिकारक है।

स्नातक स्तर के पाठ्यक्रमों के संदर्भ में ध्यान रखना है कि केवल एक वर्ष में अध्ययन कार्यक्रम को छोड़ने वाले को सर्टिफिकेट, दो वर्ष में छोड़ने वाले को डिप्लोमा और जो विद्यार्थी तीन वर्ष में छोड़ेगा उसे एडवांस डिप्लोमा या सामान्य स्नातक की उपाधि प्रदान की जाएगी। चार वर्ष में स्नातक कार्यक्रम की उपाधि मिलेगी लेकिन कोई भी विद्यार्थी किसी भी स्तर पर पाठ्यक्रम छोड़ सकता है और भविष्य में अगले स्तर के लिए आवेदन कर सकता है। अतः हमें स्नातक पाठ्यक्रम की रूपरेखा इस तरह बनानी होगी कि प्रत्येक वर्ष का अध्ययन कार्यक्रम अपने आप में पूर्ण हो।

प्रत्येक अध्ययन कार्यक्रम और विषयपत्र स्वयं में पूर्ण, स्वतंत्र और पारस्परिक संबंध से युक्त होने चाहिए। हम जितने भी कोर्स बनाएँ उनके अधिगम की निष्पत्ति पर विचार कर विषयवस्तु को निर्धारित करें। भाषा शिक्षण हेतु जो कार्यक्रम बनें उनमें ध्यान रखा जाए कि उनका शिक्षण मातृभाषा के रूप में हो रहा है या द्वितीय भाषा के रूप में। इसके साथ ही यह भी ध्यान रखना है कि भाषा शिक्षण का माध्यम दूसरी भाषा न हो। उदाहरण के लिए संस्कृत का शिक्षण माध्यम हिंदी न हो। ऐसे ही अनुवाद के क्षेत्र में सुनिश्चित करना होगा कि विद्यार्थियों की कम से कम दो भाषाओं में समान दक्षता हो। एक भाषा से दूसरी भाषा में अनुवाद की प्रविधि का बोध हो इसके लिए हमें पाठ्यक्रम में विशेष ध्यान देना होगा। साहित्य का शिक्षण सांस्कृतिक बोध से युक्त होता है। अतः हमें ध्यान रखना होगा कि जब साहित्य का शिक्षण मातृभाषा के माध्यम से होगा तब एक तरह का सांस्कृतिक बोध होगा और जब साहित्य का शिक्षण किसी अन्य भाषा के माध्यम से होगा तो सांस्कृतिक बोध की स्थिति अलग होगी। भाषा-शिक्षण और भाषा के माध्यम से शिक्षण इस तरह होना चाहिए कि विद्यार्थी अपनी सांस्कृतिक अस्मिता से परिचित हो सकें, वे इसकी सराहना कर सकें और इसका संवाहक बनने में गर्व का अनुभव कर सकें।

हमें विषयों को अलग-अलग देखने के स्थान पर पारस्परिकता की दृष्टि से देखना होगा। विषयों की संख्या केवल विशेषज्ञता के लिए न हो बल्कि वह ज्ञानानुशासन को पुष्ट करने के लिए हो। उदाहरण के लिए हम न्यू मीडिया और डिजिटल मीडिया को अलग करके देखते हैं जबकि ऐसा नहीं है। अपार सूचनाओं के प्रवाह से व्यक्ति, व्यक्तिवादी केंद्रित दृष्टि और पेड न्यूज जैसी

समस्याओं पर भी हमें विचार करना चाहिए। मीडिया की ताकत नियंत्रण से बाहर हुई है इसकी दृष्टि भी बदली है। ये प्रवृत्तियाँ हमारे लिए नई चुनौतियाँ खड़ी कर रही हैं। इन्हें ध्यान में रखते हुए हमें ज्ञान आधारित समाज में इनकी भूमिका पर विचार करना होगा।

शिक्षा नीति की कल्पना सांस्कृतिक विद्याओं को विस्तार देने की है। बौद्ध अध्ययन, अहिंसा एवं शांति अध्ययन वस्तुतः सांस्कृतिक विद्याएँ हैं। इसी तरह नाट्यशास्त्र का सिद्धांत सांस्कृतिक विद्या है जबकि इसकी विधा अभ्यास है। समाज विज्ञानों का दार्शनिक आयाम सांस्कृतिक विद्या है। हमें सांस्कृतिक विद्याओं को केवल प्राचीन रूप में नहीं देखना है बल्कि समकालीन रूप में देखना है। विषयों में निहित मूल्यबोध के प्रति दृष्टि को स्पष्ट रखना है। हमें ध्यान रखना होगा कि पेशेवर बनाने के दबाव में विषयों से मूल्य ओझल न हो जाएँ। हमें यह ध्यान रखना चाहिए कि हम बाजार के गुलाम न हों। हमें ज्ञान और कौशल के बीच संतुलन बैठाना होगा। यह ध्यान रखना होगा कि न तो केवल हम कारीगर तैयार करें और न ही अकादमिक जगत के पेशेवर; दोनों के बीच संतुलन होना चाहिए। हमें अपने विश्वविद्यालयों के विशिष्ट अध्ययन कार्यक्रमों को पुनर्संरचित और अद्यतन करना होगा। उदाहरण के लिए गांधी के समकालीन पर्याय के अंतर्गत गांधी के विचारों को दोहराना नहीं है बल्कि गांधी को लेकर जो प्रयोग हुए हैं चाहे वह सरकार के प्रयोग हों, विनोबा के प्रयोग हों, वर्ष 1936 के बाद राष्ट्रीय स्वयंसेवक संघ के प्रयोग हों, वर्ष 1967 के बाद समाजवादी आंदोलन हो, विदेशों में मार्टिन लूथर किंग का और साउथ अफ्रीका का प्रयोग हो, इन सब को समझना होगा। इनकी प्रासंगिकता पर विचार करना होगा। ये आंदोलन, प्रयोग और प्रयत्न ही गांधी की समकालीनता को बताते हैं।

नई शिक्षा नीति में दर्शन एकमात्र ऐसा विषय है जिसकी अलग से व्याख्या की गई है। यह कहा गया है कि हमें प्रत्येक विश्वविद्यालय के दर्शन विभाग को मजबूत करना होगा। दर्शनशास्त्र के पाठ्यक्रम को बनाते समय हमें विचार करना होगा कि दर्शन को पढ़ने से विद्यार्थियों में कैसा बोध विकसित हो, दर्शन को कैसे भारत केंद्रित किया जाए? प्रायः दर्शन के पाठ्यक्रम पाश्चात्य दर्शन से भरे होते हैं इसलिए हमें ध्यान रखना है कि दर्शन के पाठ्यक्रम में कम से कम 50 प्रतिशत भारतीय दर्शन का हिस्सा आ जाए।

दर्शन के पाठ्यक्रम में यह विचार करना होगा कि क्या पढ़ना है? कैसे पढ़ना है? विद्यार्थी को बोध के स्तर पर क्या प्राप्त होगा। विभिन्न विद्यास्थान मिलकर प्रयोजनमूलक पाठ्यक्रम तैयार कर सकते हैं। उदाहरण के लिए, जनसंचार और भाषा अभियांत्रिकी के अध्यापकों को मिलकर एक उपयोगी पाठ्यक्रम बनाना चाहिए। ऐसे पाठ्यक्रम मात्रा और गुण में विरोधाभासी नहीं होने चाहिए। दोनों एक-दूसरे के पूरक होने चाहिए। उपर्युक्त क्रियान्वयन सूत्रों को ध्यान में रखते हुए हमें पाठ्यक्रमों में मात्रात्मक और गुणात्मक सुधार की संतुलित दृष्टि को अपनाना होगा।

16

शिक्षा दर्शन हेतु दर्शन शिक्षा

विश्वविद्यालयी शिक्षा का उद्देश्य विभिन्न विषयों और विद्याओं को एक दार्शनिक धरातल पर रखकर विश्लेषण एवं उनमें नवोन्मेष करना है। इसी कारण विश्वविद्यालयों के प्रत्येक विद्यास्थान में प्राचीन ज्ञान परंपरा से लेकर अधुनातन ज्ञान तक के विषय क्षेत्र रखे जाते हैं। इनमें भी 'दर्शन' की भूमिका सर्वाधिक महत्त्वपूर्ण होती है। इसका कारण यह है कि दार्शनिक चिंतन मनुष्य की सृजनात्मक गतिविधियों और सांस्कृतिक आचार-व्यवहारों को एक साथ जोड़ कर प्रस्तुत करता है। जब हम 'दर्शन' को राष्ट्रीय शिक्षा नीति-2020 के संदर्भ में देखते हैं तो पाते हैं कि यह संपूर्ण शिक्षा को प्रभावित करने वाला विषय है जो केवल दर्शनशास्त्र के विभागों तक सीमित नहीं है। इसके सहयोग से हमें शिक्षा और समाज की समस्याओं पर दार्शनिक दृष्टि से विचार करने एवं उनके समाधान खोजने में मदद मिलती है। इस नीति में दर्शन का अर्थ केवल 'विचारों का इतिहास' नहीं है बल्कि दर्शन द्वारा हमें विभिन्न कालखंडों में विकसित हुई 'चिंतन परंपराओं' का विश्लेषण करने में सहायता मिलती है जो शिक्षा को मूल्याधारित और भविष्योन्मुखी बनाने के लिए उपयोगी है। हमें दार्शनिक चिंतन द्वारा शिक्षा की प्रक्रियाओं और घटकों से संबंधित तत्त्वमीमांसीय और ज्ञानमीमांसीय प्रश्नों को उठाना होगा एवं उनके उत्तरों को खोजना होगा। पूर्व की शिक्षा नीतियों में इस पक्ष की उपेक्षा हुई थी। वर्ष 1966 की शिक्षा नीति में भारतीय संस्कृति और मूल्यों की चर्चा तो हुई लेकिन इन्हें शिक्षा के माध्यम से पोषित कैसे किया जाए, इसके विषय में क्रियान्वयन की दृष्टि का अभाव था। संभव है कि नीति का दस्तावेज़ संक्षिप्त होने के कारण यह आयाम सम्मिलित न हो पाया हो। वर्ष 1986 की शिक्षा नीति

व वर्ष 1992 का संशोधन एक विशेष परिस्थिति में हुए थे। इनमें शिक्षा के द्वारा सामाजिक समावेशन और रोजगार के अवसरों को पैदा करने जैसे लक्ष्य प्रमुख थे। 20वीं शताब्दी के अंतिम दशक तक पूरी दुनिया सहित भारत में 'विश्व-ग्राम' की संकल्पना प्रतिध्वनित हुई। हमने ज्ञान द्वारा संसाधनों के विवेकपूर्ण उपयोग को सुनिश्चित करने वाले पेशेवरों का विकास करना शिक्षा का लक्ष्य स्वीकार कर लिया। वैश्विक बाजार में हो रहे बदलाव शिक्षा को नियंत्रित करने लगे। हम प्रयोजनवादी बनते गए। तात्कालिक उद्‌देश्यों की पूर्ति के लिए कामचलाऊ व्यवस्थाएँ करते गए। इस तरह से हमने उत्पादक मानव संसाधन तैयार किए। उनसे लाभ भी पैदा किया। फिर यह जान पड़ा कि मूल्य विहीन मानव संसाधन सभ्यता के साथ संगति नहीं बैठा पा रहे हैं। इन परिस्थितियों में प्रश्न उठे कि क्या शिक्षा का तात्पर्य केवल कौशल युक्त मनुष्य बनाना है? क्या प्रौद्योगिकी के निरंतर विकास को सुनिश्चित करने वाली 'शिक्षा' ही, वास्तविक शिक्षा है? और क्या मूल्यों के बिना शिक्षा मानवीय सभ्यता के सुखद भविष्य को दिशा दे सकती है? यह स्थिति भारत सहित पूरी दुनिया की शिक्षा व्यवस्था के सामने थी।

भारत के संदर्भ में देखें तो वर्ष 1835 में हमने शिक्षा से संबंधित जो नीतियाँ बनाईं उनमें तकनीकी एवं संरचनात्मक सुधारों के अलावा और कोई बात नहीं थी। शिक्षा नीति-2020 पहली ऐसी नीति है, जो शिक्षा को भारत की सांस्कृतिक जड़ों से जोड़ने, उस पर अवलंबित रहने और उससे जीवन प्राप्त करने का लक्ष्य लेकर चलती है। सांस्कृतिक जड़ों से जुड़ने का तात्पर्य पुरानी पुस्तकों के आधार पर किसी व्यवस्था की निर्मिति नहीं है, बल्कि वर्तमान की परिस्थितियों को संज्ञान में लेते हुए भविष्य की दिशा को तय करना है। इस कारण से यह नीति बार-बार 'दर्शन' का संदर्भ लेती है। इस ध्येय की पूर्ति के लिए प्राथमिक शिक्षा से लेकर उच्च शिक्षा तक भारत की दार्शनिक-परंपरा और दृष्टि को शिक्षण प्रक्रिया और विषयवस्तु के साथ समंजित करती है। इस नीति का स्पष्ट मानना है कि 'मनुष्य-निर्माण' के लिए इसके अलावा कोई दूसरा रास्ता नहीं है। इसके क्रियान्वयन सूत्र के रूप में नीति देश के प्रत्येक विश्वविद्यालय में दर्शनशास्त्र के विकास को मजबूत करने की संस्तुति देती है। यह नीति स्पष्ट घोषणा करती है कि विश्वविद्यालयों में दर्शनशास्त्र के विभाग 'पावर हाउस ऑफ द यूनिवर्सिटी' हैं। ऐसे महत्त्वपूर्ण विद्यास्थान के भविष्य के

बारे में नीति का मंतव्य है कि दर्शन का क्षेत्र 'शास्त्रीय दर्शन' एवं 'तुलनात्मक दर्शन' तक सीमित नहीं है। इसमें भारत की विविध सामाजिक-सांस्कृतिक परंपराओं में जो दार्शनिक चिंतन स्वीकृत हुआ है उसका शिक्षा में अनुप्रयोग होना चाहिए। इसे प्राथमिक शिक्षा से लेकर उच्च शिक्षा तक एक शैक्षिक उपागम के रूप में प्रयुक्त करना चाहिए। ऐसा करने पर ही हम शिक्षा द्वारा विखंडित मनुष्य के स्थान पर समग्र मनुष्य की निर्मिति कर सकेंगे। व्यक्ति और समाज के संबंध को समंजित कर पाएँगे। भारत की सामाजिक-सांस्कृतिक विविधता के मूल में निहित ताकत को पहचान सकेंगे। 21 वीं सदी के भारत के सामने सबसे बड़ी समस्या यही है कि सभी प्रकार के शैक्षिक विकास के बाद भी क्षेत्र, भाषा, उपासना पंथ के आधार पर सामाजिक संबंधों के बीच की खाई को पाटा नहीं जा सका है। इसके लिए यह नीति भारत के सांस्कृतिक परिवेश को शिक्षा प्रक्रिया का अभिन्न अंग बनाती है और बल देती है कि दार्शनिक चिंतन दृष्टि के बिना सांस्कृतिक परिवेश को समझना संभव नहीं है। हम सांस्कृतिक विविधताओं के नाम पर सूचनाएँ रट सकते हैं लेकिन उनमें निहित एकत्व के भाव का बोध नहीं कर सकते हैं। इन्हीं लक्ष्यों की पूर्ति के लिए हमें दर्शन की आवश्यकता है। इसके माध्यम से मनुष्य की सृजनात्मक क्षमता को पोषित तथा विस्तारित करना है। दर्शन का विकास सांस्कृतिक विद्या के रूप में हो सकता है। नई शिक्षा नीति इसी रूप में दर्शन के भविष्य की कल्पना करती है। इसके माध्यम से भारत की सांस्कृतिक परंपरा में जो ज्ञान-विज्ञान हैं, उन सभी का प्रत्येक विद्या स्थान में समावेश हो सके, इसकी संस्तुति करती है। यह नीति बल देती है कि भारतीय ज्ञान प्रणाली को एक समानांतर ज्ञान परंपरा के रूप में स्थापित करने के बजाय इसे संपूर्ण ज्ञान परंपरा के अविच्छिन्न भाग के रूप में स्थापित किया जाए। हमें दर्शन की भावी भूमिका को इसी दृष्टि से देखना है। दर्शन विषय को भी स्वयं को बदलना होगा। हमारे विश्वविद्यालयों में जिस प्रकार के दार्शनिक अध्ययन की परंपरा चल रही थी उसमें हम पाश्चात्य दर्शन को संदर्भ बिंदु मानकर अध्यापन कर रहे थे। इसके आधार पर दार्शनिक पदावलियों को पढ़ते-पढ़ाते थे जो इस देश के सामान्य जन की समझ में नहीं आ रही थीं। जब कोई विषय सामान्य जन की समझ में नहीं आता है तो उसकी पढ़ाई जीवन में नहीं उतरती है। इसीलिए यह शिक्षा नीति जब दर्शनशास्त्र की बात करती है तब भारतीय

दार्शनिक परंपराओं और भाषाओं में सन्निहित ज्ञान का संदर्भ लेती है। नीति यह भी बल देती है कि भारत के अंदर 200 वर्षों में उभरे सामाजिक आंदोलन के आधार पर भी नए प्रकार से दार्शनिक चिंतन करना चाहिए। दुनिया भर में तकनीकी और विज्ञान के कारण अनेक परिवर्तन हुए हैं। उन परिवर्तनों को संज्ञान में लेते हुए दार्शनिक चिंतन होना चाहिए। यह नीति संस्तुति करती है कि दर्शनशास्त्र विषय विश्वविद्यालयों में अंतरानुशासनिक विषय के रूप में स्थापित हों। ऐसा होने पर हमारे विद्यास्थान दार्शनिक दृष्टि से संपन्न होंगे। विद्यार्थियों और शिक्षकों में मौलिक चिंतन और सृजनात्मक कल्पना का संवर्धन होगा। उनके अंदर मूल्यपरक चिंतन दृष्टि विकसित होगी। पुस्तकीय ज्ञान और व्यावहारिक उपयोग का अंतराल समाप्त होगा। शिक्षा नीति-2020 मूल्याधारित शिक्षा को भारतीय सांस्कृतिक परंपरा के आलोक में स्थापित करना चाहती है। इसके लिए दर्शन के अध्येताओं की महती भूमिका होगी। दर्शन के अध्येता होने के कारण यह आवश्यक है कि हम दार्शनिक दृष्टि से इस शिक्षा नीति का अध्ययन करें तथा उन बिंदुओं का अनुसरण करें, जिनका प्रयोग हम भावी शिक्षा हेतु कर सकते हैं।

17

शिक्षकों एवं विद्यार्थियों की भूमिका

राष्ट्रीय शिक्षा नीति-2020 में परिकल्पित बदलावों को धरातल पर उतारने वाले कर्ता शिक्षक हैं। हम शिक्षकों को सबसे पहले समझना होगा कि शिक्षा मनुष्य निर्माण की प्रक्रिया है। यह केवल साक्षरता और संसाधन निर्माण की प्रक्रिया नहीं है। हमें स्वीकार करना होगा कि शिक्षकों का दायित्व श्रेष्ठ मनुष्यों का निर्माण करना है। इसका मापन अकादमिक उपलब्धि या शिक्षोपरांत आय से नहीं हो सकता है। हमें अपने विद्यार्थियों को सर्जनात्मक कल्पना की क्षमता से युक्त एवं स्वावलंबी बनाना है। यही मनुष्य के निर्माण की प्रक्रिया है, यही मनुष्य को मुक्त करने की प्रक्रिया है। हम शिक्षकों को ध्यान रखना है कि मुक्ति समाधि लगाने व करताल बजाने मात्र से संभव नहीं है। हमें स्वयं को और विद्यार्थियों को मानसिक बंधनों से मुक्त करना है। 185 वर्षों से यह देश एक विशेष प्रकार की मानसिक दासता से गुजर रहा था। हमने 'आधुनिक शिक्षा' का जो नारा दिया उसी का परिणाम हुआ कि शत प्रतिशत साक्षरता वाला देश लगभग निरक्षर घोषित हो गया। हजारों वर्षों से चल रही शिक्षा परंपरा जो समस्त समाज को शिक्षित, योग्य, श्रेष्ठ, स्वावलंबी और सद्गुणी बनाने का कार्य कर रही थी, वह ठप कर दी गई और संसाधन निर्माण की प्रक्रिया आरंभ हो गई। ये 'संसाधन' केवल ब्रिटिश राज को चलाने में उपयोगी थे। हद तो यह हुई कि हमारे समाज में शिक्षक की भूमिका ही उपेक्षित हो गई।

भारतीय समाज में शिक्षक की भूमिका इतनी महत्त्वपूर्ण थी कि राजा भी शिक्षालय में रथ से उतर कर नंगे पाँव जाया करते थे। गुरुकुल चले, इसके लिए वे अनुदान नहीं देते थे बल्कि गुरुओं से विनम्रतापूर्वक याचना करते थे कि वे गुरुकुल के लिए क्या-क्या कर सकते हैं। शिक्षा के राज्याश्रित होने और

शिक्षा द्वारा संसाधन बनाने की पूरी प्रक्रिया में अगर कोई व्यक्ति समाज के केंद्र से परिधि पर आ गया है तो वह शिक्षक है। यदि हमें शिक्षा का उद्धार करना है, शिक्षा द्वारा प्रत्येक मनुष्य का उद्धार करना है तो शिक्षक को पुनः शिक्षा के केंद्र में प्रतिष्ठित करना होगा। यही राष्ट्रीय शिक्षा नीति-2020 का ध्येय है। इस नीति की प्रत्येक संस्तुति शिक्षक की महत्ता पर और नीति के क्रियान्वयन में उसकी केंद्रीय भूमिका को स्वीकार करती है। यह नीति शिक्षक से अपेक्षा करती है कि वे भारतीय युवाओं के उज्ज्वल भविष्य के निर्माता बनें। वे समाज और राष्ट्र के जीवन में भारतीयता के मूल्यों की प्रतिष्ठा करें। यह नीति राज्य से भी अपेक्षा करती है कि वे शिक्षण व्यवसाय के उसी गौरव को पुनः प्रतिष्ठित करें जो भारतीय परंपरा में स्वीकृत है।

वर्तमान संदर्भ में शिक्षण व्यवसाय से संबंधित कुछ प्रश्न उभरे हैं—क्या शिक्षक अपनी भूमिका को निभा पा रहे हैं? क्या शिक्षक केवल एक सेवा प्रदाता बनकर रह गए हैं? क्या वे विद्यार्थियों तक सूचना स्थानांतरित करने वाले मात्र हैं? शिक्षकों को अपने विचार और कर्म से इन्हीं प्रश्नों का उत्तर देना है। शिक्षकों के बारे में बनी धारणाओं को तोड़ना है। आम जन तक यह संदेश संप्रेषित करना है कि सेवा प्रदाता संसाधन बना सकता है मनुष्य नहीं, जबकि शिक्षक मनुष्य बनाता है, मनुष्यता का बीजारोपण करता है। इस कार्य को हम सभी शिक्षकों को अपनी-अपनी कक्षा में करना होगा। इसके लिए हर तरह की बाधा को दूर करने का यत्न इस नीति में किया गया है। इसके साथ ही शिक्षकों को उक्त उद्देश्य को चरितार्थ करने की पूर्ण स्वतंत्रता दी गई है। अपने विषय और विधि को विद्यार्थियों के हित के लिए वे कितना सर्जक बना सकते हैं, इसके लिए उन्हें पूर्ण अवसर है। पूर्व विद्यालयी शिक्षा से लेकर उच्च शिक्षा तक उनके प्रयोगों से कक्षा-शिक्षण और सह अकादमिक गतिविधियों को समृद्ध करने की संस्तुति है। इसके लिए व्यवस्थागत और संरचनागत सुधार भी किए गए हैं। उनकी सेवा शर्तों और व्यावसायिक मानदंडों को भी इसी के अनुरूप लचीला बनाया गया है।

हम शिक्षकों को इस परिपाटी को खारिज करना है कि विद्यार्थी 'स्टोर हाउस' हैं जहाँ सूचनाएँ संग्रहित होती हैं। हमें विद्यार्थियों को जीवन में आनंदित होने के अवसर देने हैं एवं उनकी संवेदनाओं को समझना है, उन्हें मूल्यपरक व्यवहार करने के लिए अभिप्रेरित करना है। हम शिक्षकों को ध्यान में रखना है

कि हमारी कक्षाओं में शिक्षकों और विद्यार्थियों के बीच जो कुछ घटने वाला है उसे नीतियाँ नहीं बदल सकती हैं। उसको बदलने के लिए शिक्षकों की नीयत और निष्ठा होनी चाहिए। ऐसा करने पर ही हम सर्जनात्मक कल्पना करने वाले विद्यार्थियों की पीढ़ी तैयार कर पाएँगे। ध्यान रखने की आवश्यकता है कि अध्ययन कार्यक्रमों को कोई शिक्षा नीति नहीं बनाती है, कोई विश्वविद्यालय भी नहीं बना सकता है। अध्ययन कार्यक्रमों की रचना अंततः शिक्षकों को ही करनी होगी। उसके लक्ष्यों को तय करना होगा, उसके स्वरूप को अद्यतन करना होगा। शिक्षण विधियों को शिक्षार्थी केंद्रित बनाना होगा। यदि शिक्षक इन बदलावों के संवाहक नहीं बनेंगे तो यह नीति सुभाषित बन कर रह जाएगी। हमने अपने जीवन में किसी न किसी शिक्षक को देख कर सीखा है। किसी न किसी शिक्षक के पढ़ाए जाने वाले तरीकों, उसके द्वारा दी जाने वाली सामग्री, उसके द्वारा प्रस्तुत की जाने वाली शिक्षा, उसके द्वारा की गई व्याख्या आज भी अभिप्रेरित करती है। हमें ध्यान रखना है कि हम उसी शिक्षक की परंपरा के उत्तराधिकारी बनें। हम भी अपने विद्यार्थियों के लिए नई-नई कल्पनाएँ करें। वर्तमान परिस्थितियों को देखते हुए हमें मिश्रित विधियों का प्रयोग करना होगा। हमें कक्षा-शिक्षण और शिक्षण के लिए ऑनलाइन व प्रौद्योगिकी दोनों का उपयोग करना है। इसके बिना हम सभी विद्यार्थियों के लिए गुणवत्तापूर्ण शिक्षा नहीं सुनिश्चित कर सकते हैं। हमें ऑनलाइन और प्रत्यक्ष शिक्षण के परस्पर तालमेल से नए शिक्षणशास्त्रीय परिवेश की रचना करनी होगी।

हमारे शिक्षकों की क्षमता और समर्पण अद्वितीय है। वे अपने विद्यार्थियों के लिए नए प्रयोग करने को सदा तैयार रहते हैं। कोरोना आपदा के दौरान अधिकांश शिक्षकों के लिए ऑनलाइन कक्षाओं का आयोजन चुनौतीपूर्ण था। हमारे शिक्षकों ने कम समय में ही अपनी संकल्प शक्ति से इस प्रयोग को अपनाया। संसाधन और प्रशिक्षण की सीमाओं के बाद विद्यार्थियों की शिक्षा में बाधा न आए, इसके लिए हर संभव प्रयत्न किए। यह हमारे शिक्षकों की संकल्प शक्ति का परिणाम था कि जब विद्यार्थी, स्कूल और महाविद्यालय में उपस्थित नहीं हो सकते थे, तब हमारे शिक्षकों ने इस शून्यता की स्थिति को अपने प्रयोगों से तरंगित किया। हम मानते हैं कि प्रत्येक विद्यार्थी में कुछ क्षमताएँ होती हैं। इन क्षमताओं को शिक्षक साकार करने में सहयोग करते हैं। वैसे ही हमारे शिक्षकों में भी विशिष्ट क्षमताएँ होती हैं।

हमें शिक्षकों की इन क्षमताओं का प्रयोग करके अपने शिक्षालयों को समृद्ध करना होगा। हमें उन्हें ऐसा परिवेश देना होगा कि उनकी विशिष्टता संगठनात्मक परिवेश में योगदान कर सके। इस दिशा में अकादमिक नेतृत्व की भूमिका महत्त्वपूर्ण होती है। इस संदर्भ में भी शिक्षा नीति-2020 ने ठोस संस्तुतियाँ दी हैं।

राष्ट्रीय शिक्षा नीति-2020 का मंतव्य है कि भारत में शिक्षा के विस्तार की असीम संभावनाएँ हैं। जब शिक्षा के विस्तार, श्रेष्ठता और समावेशन पर विचार करते हैं तो अवसरों के साथ चुनौतियाँ भी प्रकट होती हैं। अकादमिक नेतृत्व का दायित्व इन दोनों में समंजन करना है। नई शिक्षा नीति-2020 इसी के संदर्भ में अकादमिक नेतृत्व की भूमिका को रेखांकित करती है। अकादमिक नेतृत्व का कार्य केवल संरचनाओं और संसाधनों पर विचार करना नहीं है। प्रायः हम शिक्षा व्यवस्था के अंतर्गत इसी को अकादमिक नेतृत्व का कार्यक्षेत्र मान लेते हैं। इस दिशा में पहला प्रश्न यह होना चाहिए कि शिक्षा का उद्‌देश्य क्या है? यह उद्‌देश्य भी सदा एक समान नहीं रहते हैं। देश-काल के अनुसार बदलते रहते हैं। इन्हीं के अनुरूप शिक्षा तंत्र और व्यवस्थाएँ भी बदली हैं। उदाहरण के लिए कुछ दशकों पूर्व जो विषय सामग्री स्नातक स्तर पर पढ़ाई जाती थी अब वह उच्चतर माध्यमिक कक्षाओं का अंग है। ऐसे ही उपाधियों का महत्त्व भी बदला है। उदाहरण के लिए श्यामसुंदर दास जी केवल बी.ए. थे। इसी उपाधि की सराहना के लिए बनारस शहर में सम्मान समारोह का आयोजन किया गया था। बनारस हिंदू विश्वविद्यालय के हिंदी विभाग की नींव हाईस्कूल उत्तीर्ण पं. रामचंद्र शुक्ल ने रखी थी। हिंदी में इनके अवदान के विषय में अधिक कुछ कहने की आवश्यकता नहीं है। इन उदाहरणों से स्पष्ट है कि उपाधि और संसाधन के स्थान पर ज्ञान के क्षेत्रों में नवोन्मेष अकादमिक श्रेष्ठता की कसौटी है। इस अकादमिक श्रेष्ठता को सुनिश्चित करने के लिए योग्य नेतृत्व की आवश्यकता होती है। पिछले 75 वर्षों में हमने उच्च शिक्षा में अकादमिक नेतृत्व की भूमिका को सीमित कर दिया। इसका अर्थ संस्थान का संचालन बनकर रह गया। यह तकनीकी पक्ष है लेकिन मूल ध्येय नहीं है। इसी कारण हम मौलिक ज्ञान सृजन के क्षेत्र में पिछड़ते गये।

राष्ट्रीय शिक्षा नीति-2020 इस बात पर बल देती है कि अकादमिक नेतृत्व का संबंध केवल पद से नहीं है। हम अपनी कक्षा में किए गए प्रयोगों एवं नवाचारों द्वारा बदलाव के अगुआ बन सकते हैं। हमारे देश में शिक्षकों

की एक बड़ी संख्या है। वे सब अकादमिक नेतृत्व कर सकते हैं। इसके लिए यह नीति उन्हें आवश्यक स्वायत्तता देती है। उनके वृत्तिक विकास के अवसरों को सुनिश्चित करती है। यदि हमारे शिक्षक इन अवसरों का उपयोग करते हैं तो कक्षाओं में विद्यार्थियों को उनके द्वारा दिया गया नेतृत्व ज्ञान के क्षेत्र में गुणवत्ता को सुनिश्चित करेगा। हमारे द्वारा किया गया प्रयत्न प्रत्येक विद्यार्थी में नेतृत्व क्षमता को संवर्धित करने में सहयोग करेगा। अकादमिक नेतृत्व की दूसरी महत्त्वपूर्ण भूमिका शिक्षा की मूलगामी चुनौतियों का समाधान खोजना है। देश भर में शिक्षा सामाजिक वास्तविकताओं से दूर होती जा रही है। इससे शिक्षा में केवल कृत्रिमता बढ़ रही है। संस्थानों का परिवेश के साथ संबंध कमजोर हो रहा है। एक सफल अकादमिक नेतृत्वकर्ता को इन वास्तविक समस्याओं के समाधान के लिए कार्य करना होगा। उसे समाज के अंतिम जन को ध्यान में रखते हुए अपने संस्थान की अकादमिक संस्कृति को बदलना होगा। उसे आत्मनिर्भरता और स्वायत्तता के लक्ष्य को सामने रखकर काम करना होगा।

किसी भी विद्यार्थी की शिक्षा संस्थान से अपेक्षा होती है कि वे उस संस्थान के परिवेश में बेहतर, गुणकारी और जीवनोपयोगी ज्ञान एवं कुशलता अर्जित करेंगे। इसके द्वारा वे समाज निर्मिति में यथासंभव योगदान करने वाले युवा की भूमिका को चरितार्थ करेंगे। वर्तमान कालखंड के विद्यार्थियों के सामने एक विशिष्ट स्थिति है जो उथल-पुथल भरी है। वैश्विक महामारी की त्रासदी है। विश्वापूर्ति की शृंखला टूटी है। शिक्षा की पारिस्थितिकी बदली है। हमारा शिक्षण 'वर्चुअल मोड' में स्थानांतरित हो गया है। अधिकांश सामाजिक अंतःक्रियाएँ डिजिटल प्लेटफॉर्म पर हो रही हैं। इन बदलावों के बीच हमें आगे बढ़ना है, समाधान खोजना है और नई संभावनाओं को साकार करना है।

इस सब के बीच 185 वर्ष बाद एक नई शिक्षा नीति आई है। यह नीति भारत की जनाकांक्षाओं और सामाजिक आवश्यकताओं के अनुरूप भविष्य के भारत की परिकल्पना करती है। दुनिया जब लॉकडाउन की स्थिति में थी तो भारत बदल रहा था। दुनिया जब अपने-अपने घरों में कैद थी, तब भारत में शिक्षा नीति-2020 के माध्यम से युवाओं और बच्चों के भविष्य के परिवर्तन के लिए सपने देखे जा रहे थे। यह केवल भारत ही कर सकता है। जब दुनिया के 206 देश अपने नागरिकों को घरों में कैद किये हुए थे तब भारत में पाँच वर्षों के लम्बे विचार-विमर्श और करोड़ों लोगों की सहभागिता द्वारा

तैयार शिक्षा नीति को लागू करने का संकल्प लिया। हम इस परिवर्तन के युग के विद्यार्थी और अध्यापक हैं। स्वाभाविक है कि भावी भारत के निर्माण की जिम्मेदारी युवाओं के ऊपर आ गई है। उनसे भारतीय जन की आकांक्षाओं के अनुरूप बनने की अपेक्षा है।

भारत में बड़े परिवर्तन युवाओं के संकल्प और सपनों से ही हुए हैं। भारत के ज्ञात इतिहास में ऐसा पहला परिवर्तन नचिकेता ने किया था। उसने पूरी परंपरा पर सवाल खड़ा कर दिया और उसे बेहतर और समाजोपयोगी बनाने के लिए मृत्यु से लड़ पड़ा। एक विद्यार्थी के रूप में ऐसा ही अनुकरणीय उदाहरण राम का भी है जिन्होंने राक्षसी वृत्तियों के नाश का संकल्प लिया था। मानवता और मानव मूल्यों की प्रतिष्ठा का संकल्प लिया था। ऐसे संकल्पों से ही श्रेष्ठ व जिम्मेदार समाज निर्मित होता है जिसका प्रत्येक सदस्य बदलाव का अभिकर्ता होता है। शिक्षा नीति-2020 भी युवाओं को सामाजिक परिवर्तन के कर्ता के रूप में तैयार करने का लक्ष्य करती है। इस हेतु शिक्षा संस्थानों में हर तरह के ज्ञान, कौशल एवं बोध के विकास के स्वप्न को साकार करती है। भारतीय मूल्यों से अनुप्राणित युवाओं के भारत का भविष्य परिकल्पित करती है। ऐसे ही युवा चंद्रगुप्त की तरह भारत की रक्षा और एकीकरण के लिए संकल्प लेते हैं। ऐसे ही राष्ट्रबोध से अभिप्रेरित हरिहर और बुक्का जैसे नौजवान आगे आते हैं और महान बहमनी साम्राज्य की स्थापना होती है। ऐसा ही संकल्प विद्यार्थी शिवा लेता है, समाज में बिखरे हुए वंचित लोगों के स्वाभिमान को जगाता है एवं स्वराज की स्थापना करता है। भारत की आजादी की लड़ाई में मदन लाल ढींगरा, भगत सिंह, चंद्रशेखर आजाद, राजगुरु और सुखदेव आदि भी इसी परम्परा के प्रतीक हैं। भारत का इतिहास युवाओं की संकल्पशक्ति से लिखा गया इतिहास है। हमारी युवा पीढ़ी में विपरीत परिस्थितियों से जूझने की अपूर्व क्षमता एवं कर्मठता है। यह नीति इन क्षमताओं को स्वावलंबन और आत्मनिर्भरता में बदलने की दिशा देती है।

प्रत्येक विद्यार्थी ने अपने भविष्य के लिए कुछ सपने देखे होंगे, कुछ उनके अभिभावकों की आकांक्षाएँ होंगी और कुछ समुदाय के लोगों की भी अपेक्षाएँ होंगी। इन सबके साथ हमारे विद्यार्थियों को न्याय करना है। हमारे विद्यार्थियों को ध्यान रखना होगा कि भारत के प्रत्येक व्यक्ति का, प्रत्येक व्यक्ति पर कुछ न कुछ उपकार है, कुछ न कुछ देय है। इस विचार को सामने रखकर

उन्हें अपना कर्त्तव्य निभाना है। हम अपार संभावनाओं के पुंज हैं। जब हम कुछ करने और सीखने का मन बनाएँगे तो एक सक्षम, कौशल सम्पन्न, ज्ञान संपन्न और जिम्मेदार नागरिक बन सकेंगे। यह ध्यान रखना होगा कि विद्या बंध्या नहीं है, वह उत्पन्न करती है। हम अपनी चेतना में जैसा बीज बोएँगे, जिस दृष्टि के साथ ज्ञानार्जन करेंगे, वैसा ही हमारा भविष्य होगा। हमारे युवा विद्यार्थी भारत के महनीय इतिहास के उत्तराधिकारी, प्रतिनिधि एवं संवाहक हैं। भारत की गौरवशाली परंपरा को याद करते हुए, अपने अभिभावकों की आकांक्षाओं को ध्यान में रखते हुए तथा अपने इर्द-गिर्द समाज के अन्य व्यक्तियों की अपेक्षाओं का संज्ञान लेते हुए एक श्रेष्ठ, समर्थ और उत्तरदायी व्यक्ति के रूप में प्रत्येक युवा समाज के प्रति अपने दाय का निर्वहन कर सके, इसका हर संभव प्रयत्न प्रत्येक हितचिंतक को करना होगा।

पिछले सौ वर्षों में शिक्षा का लक्ष्य मनुष्य निर्माण के बजाय कुशल संसाधन निर्माण रहा है। यूरोपीय पुनर्जागरण से आरंभ करके हम 'नॉलेज पावर' के स्तर तक पहुँच चुके हैं। हम 'ज्ञान सद्गुण है' को भूलकर यह मानने लगे हैं कि 'ज्ञान ताकत है'। वर्तमान में इन दृष्टियों का उन्मूलन करने वाली शिक्षा की आवश्यकता है। हमें बिना मानवीय मूल्यों के यंत्र बना देने वाली संस्थाओं को नहीं खड़ा करना है। हमें भारतीय समाज की आवश्यकताओं को ध्यान में रखते हुए समग्र मनुष्य का निर्माण करना है। इस लक्ष्य की पूर्ति की संपूर्ण संभावना राष्ट्रीय शिक्षा नीति-2020 में निहित है।

संपादक :

डॉ. ऋषभ कुमार मिश्र

सहायक प्रोफेसर, शिक्षा विभाग, महात्मा गांधी अंतरराष्ट्रीय हिंदी विश्वविद्यालय, वर्धा

लिप्यकारों की सूची

1. शिक्षा का हेतु—डॉ. ऋषभ कुमार मिश्र, सहायक प्रोफेसर, शिक्षा विभाग
2. शिक्षा का रमणीक वृक्ष : एक सिंहावलोकन—डॉ. ऋषभ कुमार मिश्र, सहायक प्रोफेसर, शिक्षा विभाग
3. भारतीय लोक-चिंतक और शिक्षा—श्री समरजीत यादव, सहायक प्रोफेसर, शिक्षा विभाग
4. राष्ट्रीय शिक्षा नीति-2020 : शिक्षा के रमणीक वृक्ष हेतु बीजारोपण—डॉ. जगदीश नारायण तिवारी, सहायक प्रोफेसर, संस्कृत विभाग
5. शिक्षा का साध्य 'मनुष्य'—डॉ. सारिका राय शर्मा, सहायक प्रोफेसर, शिक्षा विभाग
6. संस्कृति-बोध—डॉ. ऋचा द्विवेदी, सहायक प्रोफेसर, क्षेत्रीय केंद्र प्रयागराज
7. भारत-बोध—श्री समरजीत यादव, सहायक प्रोफेसर, शिक्षा विभाग
8. परंपरा और आधुनिकता की बहस—सुश्री ऋचा कुशवाहा, सहायक प्रोफेसर, अनुवाद अध्ययन विभाग
9. वैचारिक स्वराज का आधार—डॉ. सत्यवीर, सहायक प्रोफेसर, अनुवाद अध्ययन विभाग
10. राष्ट्रीय शिक्षा नीति-2020 और हिंदी—डॉ. सत्यवीर, सहायक प्रोफेसर, अनुवाद अध्ययन विभाग
11. स्थानीय भाषाएँ : लोकजीवन की प्रतिनिधि—डॉ. प्रदीप, सहायक प्रोफेसर, संस्कृत विभाग
12. विधि-शिक्षा और मातृभाषा—डॉ. आर. पुष्पा नामदेव, सहायक प्रोफेसर, शिक्षा विभाग
13. समावेशन द्वारा न्याय और अवसर की समानता—डॉ. अभिलाष, सहायक प्रोफेसर, हिंदी एवं तुलनात्मक साहित्य विभाग
14. समाज विज्ञान और मानविकी की भारतीय दृष्टि—श्री समरजीत यादव, सहायक प्रोफेसर, शिक्षा विभाग
15. राष्ट्रीय शिक्षा नीति-2020 : क्रियान्वयन के सूत्र—डॉ. ऋषभ कुमार मिश्र, सहायक प्रोफेसर, शिक्षा विभाग
16. शिक्षा दर्शन हेतु दर्शन शिक्षा—डॉ. ऋषभ कुमार मिश्र, सहायक प्रोफेसर, शिक्षा विभाग
17. शिक्षकों एवं विद्यार्थियों की भूमिका—डॉ. ऋषभ कुमार मिश्र, सहायक प्रोफेसर, शिक्षा विभाग

❑❑